클릭
일본 문화 속으로

황혜경 지음

보고사
BOGOSA

책을 펴내며

　21세기 글로벌시대를 살아가는 오늘날, 문화의 이해는 단순한 지식의 습득을 넘어 국제적 공존과 상호 존중의 토대가 되고 있다. 특히 한국과 일본은 지리적으로 인접한 이웃이자, 역사적으로 복합적이고 긴밀한 관계를 맺어온 나라로서, 서로의 문화를 심층적으로 이해하는 일은 양국의 미래를 위해 필수적인 과제라 할 수 있다.
　이 책은 일본 문화의 외형적 현상에 머무르지 않고, 그 이면에 내재된 정신적·철학적 기반을 탐구하는 데 목적을 두고 있다. 일본의 자연과 역사, 종교와 예술, 생활과 사회 전반에 걸친 문화적 양상을 다각적으로 기술함으로써, 일본인의 세계관과 가치관이 어떠한 역사적·문화적 맥락 속에서 형성되어 왔는지, 나아가 한일관계의 상호 인식에 이르기까지 일본문화와 사회 전반을 입체적으로 이해하고자 하였다.
　제1장에서는 일본의 지리적 특성과 역사적 전개 과정을 통해 일본문화의 기초적 배경을 살펴보고, 제2장에서는 일본 특유의 '도道'라는 이름 아래 면면히 이어져 온 그들의 독특한 정신문화를 깊이 분석하였다. 제3장과 4장에서는 종교, 관혼상제, 축제문화를 중심으로 공동체 전통과 신앙의 구조를 탐구하였으며, 제5장에서는 전통예능과 예술 속에 내재된 미학과 예술철학을 기술하였다. 이어 제6장에서는 일본인의 의·식·주 생활문화를, 제7장에서는 일본의 현대 사회문화를 분석하여, 일본이 당면한 과제와 공헌도를 객관적으로 조명하였다. 무엇보다도 이 책의 특별함은 제8장과 제9장에 있다. 제8장에서는 일본

사회 속 재일코리안이 겪는 특수한 사회적 현실과 그들의 정체성 문제를 집중적으로 다루었고, 나아가 제9장에서는 미래세대인 한일 대학생의 상호 문화인식에 대한 생생한 시각을 담아내, 미래지향적인 한일관계 모색을 위한 디딤돌을 마련하고자 하였다.

 이 책은 일본문화를 단순히 '타자他者의 문화'로서 소개하는 입문서가 아니라, 문화 간 비교와 이해의 시각에서 일본을 조망한 학술 교재로 기획되었다. 이를 통해 독자들이 일본문화의 본질을 보다 깊이 이해하고, 나아가 한일 양국이 상호 존중과 신뢰를 바탕으로 성숙한 문화적 동반자로 나아가는 데 일조하기를 바란다.

 끝으로, 이 책이 출판되기까지 아낌없는 도움을 주신 모든 분들께 깊이 감사드린다. 언제나 든든한 힘이 되어 준 가족과 사랑하는 딸 시연이에게 특별한 고마움을 전한다. 아울러, 영리를 떠나 이 책의 출판을 흔쾌히 맡아 주신 보고사 김흥국 사장님과 편집부 여러분께 진심으로 감사드린다.

2025년 9월
황혜경

차례

책을 펴내며 / 3

제1장 일본의 지역과 역사

사계절이 공존하는 지리적 특성 ·· 11
전 세계의 자산, 일본 유네스코 세계유산 ······································ 20
철도 여행의 진미, 에키벤駅弁 ·· 35
원시시대에서 근세시대까지의 역사 ·· 43

제2장 일본의 '도道' 문화

'도道'라는 이름의 형식주의 ·· 57
일기일회一期一会의 정신, 다도茶道 ·· 62
화도花道로 정착하지 못한 이케바나生花 ··· 66

제3장 일본의 종교와 관혼상제

팔백만 신八百万の神이 존재하는 종교문화 ····································· 73
신도식에서 기독교식까지, 다양한 결혼문화 ································· 83
불교식 장례문화 ··· 91

제4장 일본의 축제문화

연중행사 및 국민의 축일祝日 ·· 97
신사와 공존하는 마츠리祭 ·· 111

제5장 일본의 전통예술문화

철학성이 풍부한 전위예술, 노能 ·· 125
유쾌하고 서민적인 교겐狂言 ·· 131
세계 유일한 어른을 위한 인형극, 분라쿠文楽 ························ 133
유형을 알면 더욱 재미있는 예술, 가부키歌舞伎 ···················· 138
포장지에서 출발한 자포니즘, 우키요에浮世絵 ······················· 143
사무라이 정신이 깃든 스모相撲 ··· 150

제6장 일본의 생활문화

기모노着物와 게타下駄 ·· 159
눈으로 한 번, 맛으로 한 번 즐기는 음식문화 ······················· 163
기후에 따른 주거문화 ·· 171

제7장 일본의 사회문화

지나친 동질성이 낳은 이지메いじめ ······································ 179
세계적 문제, 저출산 고령사회 ··· 186
인류에게 공헌한 일본의 노벨상 수상자 ································ 195

제8장 일본 속의 재일코리안

일본사회와 재일코리안 ·· 213
일본사회 속 작은 남북한 ·· 227
재일코리안과 한국사회 ·· 232

제9장 한일관계와 한일 대학생의 상대문화 인식

한국 대학생이 바라보는 일본문화 ······························ 237
일본 대학생이 바라보는 한국문화 ······························ 242
한일 대학생이 마주보는 상대문화 ······························ 247

참고문헌 ·· 255

부록

일본 시대별 역사 연표 ·· 258
행정지도: 도도부현都道府県 ·· 259
일본의 주요 성씨 ·· 262

제1장

일본의 지역과 역사

사계절이 공존하는 지리적 특성

일본의 위치 및 개관

일본은 동아시아 대륙에 위치한 섬나라이다. 북동에서 남서로 걸쳐지는 긴 활 모양의 열도로 홋카이도北海道, 혼슈本州, 시코쿠四国, 규슈九州의 4개의 거대한 섬과 약 6,900개의 작은 섬들로 이루어져 있다. 일본 열도의 북쪽은 러시아, 서쪽은 한반도와 중국 및 대만, 동쪽으로는 태평양 건너편인 미국, 남쪽으로는 필리핀, 인도네시아 등이 접해 있다.

일본의 위치 및 인접국가

나가사키현長崎県 츠시마対馬에서에서 부산까지의 대한해협은 50㎞, 홋카이도와 러시아 사할린섬 사이의 소야宗谷해협은 40㎞, 서쪽 요나구니지마那国島에서 대만까지는 100㎞ 정도로 이웃 국가와 근접해 있다. 인접 국가와 일본이 영토 분쟁을 벌이고 있는 지역으로 우리나라의 독도, 러시아의 북방사도(쿠릴 열도), 중국과 대만의 센카쿠尖閣 열도가 있다.

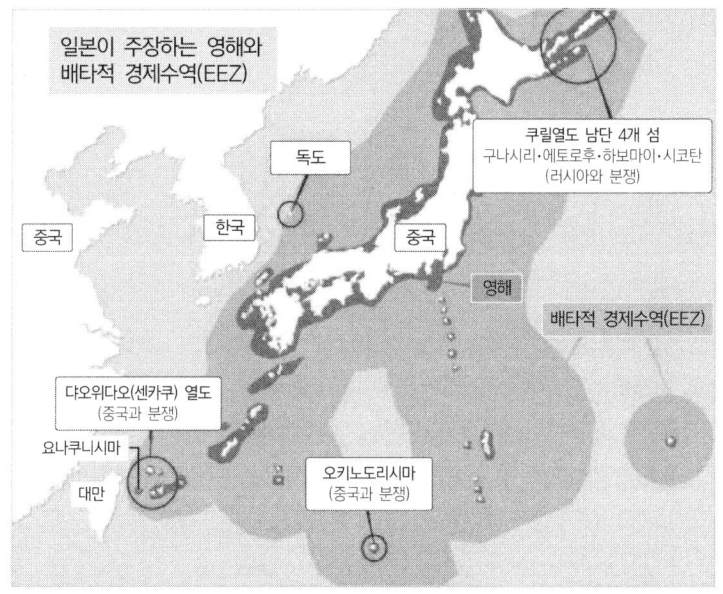

일본 해양 소유권 분쟁 지역

일본의 면적은 37만 7,974㎢로 세계63위이고 최고점은 후지산富士山으로 3,776m이며, 최저점은 하치로가타八郎潟로 -4m, 가장 긴 강은 시나노가와信濃川로 367m이며, 가장 큰 호수는 비와호琵琶湖로 669.26㎢이다.

일본의 영토 중 최동단은 도쿄도東京都에 속한 미나미토리시마南鳥

島이며, 최서단은 오키나와현沖繩県의 요나구니지마那国島이다. 또한 최남단은 도쿄도東京都에 속한 오키노토리시마沖ノ鳥島, 최북단은 홋카이도北海道에 속한 에토로후시마択捉島로, 이 네 지역은 일본 영토의 범위를 보여준다.

일본의 기후는 대부분 온난다습하고 사계절이 뚜렷하며 섬나라로 습도가 높은 온대기후의 특징을 보인다. 일교차가 크고 강수량이 많은 편이고, 여름에는 장마가 있는 것이 특징이다. 남북으로 길게 펼쳐진 지형 특성상 위도상으로도 변화가 커서 북쪽 홋카이도는 냉대에 속하며, 남쪽 오키나와는 아열대에 속한다.

사계절이 뚜렷하며 계절풍의 영향을 받아서 태평양 쪽과 동해 쪽의 기후 차이를 보인다. 동해 쪽은 북서계절풍으로 겨울은 눈과 비가 많고, 태평양 쪽은 남동계절풍으로 여름에 비가 많다.

일본은 환태평양조산대의 일부로 지각이 불안정하여 화산과 지진이 자주 발생하고 온천이 많다. 심한 지각운동으로 인해 전체적으로 평지가 좁고, 험준한 산지가 많고 하천이 짧아 각지에서 토사재해가 일어나기 쉽다.

토지 이용면에서는 66.3%가 산림으로 대부분을 차지하고 있으며, 농지가 12.0%인 반면, 택지는 5%에 불가하며, 도로가 3.6%, 수면·하천·수로가 3.5%를 차지하고 있다.

지방 및 행정구역

일본은 크게 4개의 섬인 홋카이도北海道, 혼슈本州, 시코쿠四国, 규슈九州로 대분류되며, 편의상 8개의 지방으로 홋카이도는 홋카이도北海道지방, 혼슈는 동북東北지방, 관동関東지방, 중부中部지방, 긴키近

일본 4개의 큰 섬

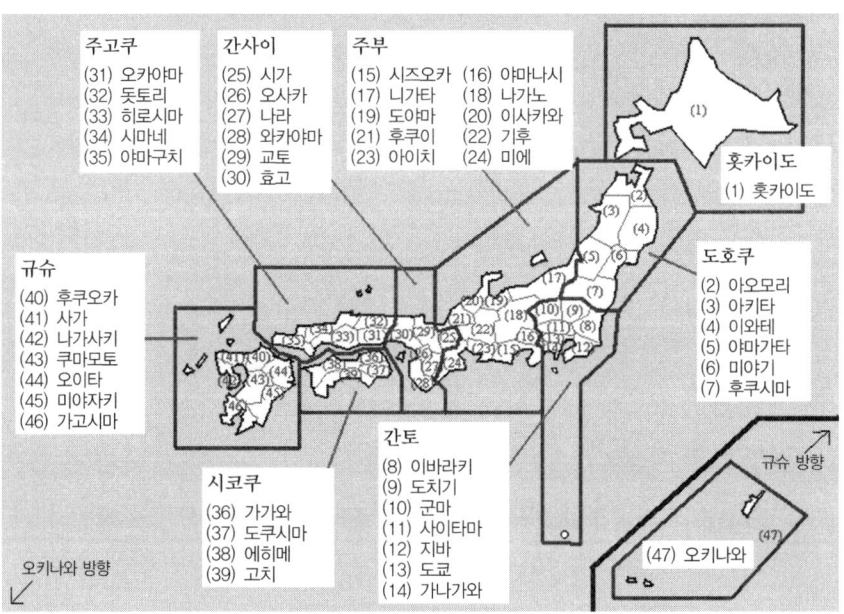

일본 행정구역

畿지방, 쥬고쿠中国지방, 시코쿠는 시코쿠四国지방, 규슈는 규슈·오키나와九州·沖縄지방으로 중분류할 수 있다.

　행정구역은 각 지방별로 광역자치제인 도도부현都道府県으로, 우리나라의 특별시·광역시·특별자치시·특별자치도·도에 해당되며 도都는 도쿄도東京都, 도道는 홋카이도北海道, 부府는 오사카부大阪府와 교토부京都府, 현県은 43개이며, 모두 47개로 구분된다. 도도부현 아래 기초자치제인 시市·정町·촌村이 있다. 도도부현은 메이지시대 1871년 중앙정부 강화를 도모하기 위해서 폐번치현廃藩治県을 단행하면서 행정구역을 부와 현으로 개편하고 몇 번의 과정을 거쳐서 현재에 이르고 있다.

홋카이도北海道지방

　혼슈에 이어서 두 번째로 큰 섬으로 일본의 최북단에 위치하고, 도도부현 중에 가장 넓으며 일본 전 면적의 20%를 차지한다. 기후는 냉대에 속해 겨울에는 아주 춥고, 여름에는 비교적 시원하며 장마가 없다. 혼슈 아오모리현青森県과 홋카이도를 잇는 세이칸青函해저터널은 철도로 약 40분정도 소요되는 세계 최장터널로 유명하다. 최근에는 항공편이 더 빠르고 저렴하기 때문에 한정된 목적으로만 이용되고 있다.

　농업은 홋카이도 경제에 중요한 역할을 하며, 산림은 일본 산림의 22%를 차지, 수산물 생산량은 전국1위로 수산업과 임업이 발달되어 있다.

　삿포로札幌는 매년 2월에 개최되는 눈축제로 유명하며, 세계 각지에서 온 관광객들로 붐비며, 지역경제와 문화의 중심지이다. 시레토고知床 국립공원은 유네스코 세계자연유산으로 유명하다.

도호쿠東北지방

혼슈 내 동북부에 위치하고 있으며, 아오모리현青森県, 이와테현岩手県, 미야기현宮城県, 아키타현秋田県, 야마가타현山形県, 후쿠시마현福島県이 속해 있다. 북으로 뻗어있는 오우奧羽산맥을 중심으로 태평양 쪽과 동해 쪽으로 구분한다. 동해 쪽은 겨울에 눈이 많고, 태평양 쪽은 냉해나 쓰나미 피해가 많다.

고대 정치 중심지인 긴키近畿지방에서 떨어져 있어서 개발이 지체되어 지금도 농업이 주산업으로 일본의 곡창지대이며, 과수도 재배하며 수산업과 임업도 중요한 비중을 차지하고 있다. 개발 지체로 자연이 잘 보존되어 온천과 관광자원이 풍부하다. 아모모리현과 아키타현에 걸쳐있는 시라카미白神산지는 세계자연유산으로 등록되어 있다.

간토関東지방

혼슈 내 중앙 동쪽에 위치하고 있으며, 이바라기현茨城県, 도치기현栃木県, 군마현群馬県, 사이타마현埼玉県 지바현千葉県, 도쿄도東京都, 가나가와현神奈川県이 속해 있다. 에도막부가 들어선 이래 현재 수도 도쿄가 속해 있는 간토지방은 일본의 정치·경제·문화·교통의 중심으로 발달하여 산업과 인구가 집중되어 있다.

도쿄의 인구는 약 1,300만 명으로 총 인구의 약 10%를 차지할 정도로 인구과밀지역이다. 도쿄와 도쿄를 둘러싸고 있는 사이타마현·지바현·가나가와현, 3현의 인구는 총인구의 약30%를 차지하고 있으며, 3현은 도쿄로 통근·통학으로 연결되어 있는 베드타운이다. 도치기현에는 닛코의 신사와 사찰로 유명하며, 세계문화유산으로 등록되어 있다.

주부中部지방

혼슈 내 중앙에 위치하고 있으며, 도야마현富山県, 이시카와현石川県, 후쿠이현福島県, 야마나시현山梨県, 나가노현長野県, 기후현岐阜県, 시즈오카현静岡県, 아이치현愛知県이 속해 있다. 동해 쪽, 태평양 쪽, 중앙고지, 3개의 지방으로 나뉘어진다. 동해에 접한 후쿠이현, 이시카와현, 니가타현, 도야마현과 나가노현, 기후현 일대는 동해 측 기후의 영향으로 세계적으로 강설 지역에 속한다. 중앙고지에는 히다飛驒산맥, 기소木曽산맥, 아카이시赤石산맥 등 3,000m급 산들이 늘어서 있다. 중부지방의 남북에 걸쳐 폿사마그나Fossa Magna는 구조선이 뻗어 서쪽은 관서지방, 동쪽은 관동지방이라는 역사적·문화적 경계선이 되고 있다. 아이치현과 시즈오카현은 태평양 쪽 기후로 대체로 온난하다.

기후현과 도야마현의 시라카와고白川郷·고카야마 갓쇼즈쿠리취락五箇山の合掌造은 세계문화유산으로 등록되어 있다.

긴키近畿지방

혼슈 내 중서부에 위치하고 있으며, 미에현三重県, 시가현滋賀県, 교토부京都府, 오사카부大阪府, 효고현兵庫県, 나라현奈良県, 와카야마현和歌山県이 속해 있다.

고대 일본의 정치·경제·문화의 중심이 되었던 지방으로 전국적으로 교통망이 발달 되었다. 옛 수도인 교토와 나라는 오랜 역사를 지니고 있는 만큼 신사나 사찰 등의 문화재가 많다. 경제 중심인 오사카는 대표적인 상업도시이다.

나라현의 고도나라古都奈良 문화재, 교토부·시가현의 고도교토古都

京都의 문화재, 나라현·와카야마현·미에현에 위치한 기이산지 영지와 참배길紀伊山地の靈場と參詣道, 효고현의 히메지성姬路城은 세계문화유산으로 등록되어 있다.

주고쿠中国지방

혼슈 내 서쪽에 위치하고 있으며, 돗토리현鳥取県, 시마네현島根県, 오카야마현岡山県, 히로시마현広島県, 야마구치현山口県이 속해 있다.

중앙을 동서로 가르는 주고쿠산지를 따라 북쪽 동해 방면의 산인山陰지방(시마네현, 돗토리현)과 남쪽 세토나이카이瀬戶内海 방면의 산요山陽지방(야마구치현, 히로시마현, 오카야마현)으로 구분되어있다. 산인지방과 산요지방은 기후의 차이가 심하며, 산인지방은 동해식 기후로 겨울에 눈이 많고, 산요지방은 세토나이가이 방면 기후로 연간 강수량이 비교적 적다. 세토나이카이 연안에는 중공업단지가 입지하여 공업지대가 형성되어있다.

히로시미현에는 원폭돔과 이츠쿠시마신사嚴島神社, 시마네현에는 이와미은산유적石見銀山遺跡이 세계문화유산으로 등록되어 있다.

시코쿠四国지방

혼슈 서남쪽에 위치하고 있으며, 도쿠시마현徳島県, 가가와현香川県, 에히메현愛媛県, 고치현高知県이 속해 있다. 일본 4개의 거대한 섬 중에 가장 작다.

북쪽은 우량이 적어 여름에는 물이 부족하고 남쪽은 기온이 높고 비가 많이 내리며 태풍이 잦은 지역이다. 오랫동안 혼슈와 바다를 사이에 두고 선박편이나 항공편만 이용할 수 있어서 교통이 불편했으나, 세토대교瀨戶大橋가 건설되면서 철도로 혼슈와 연결되어 교통이 크게 편리해졌다.

야채·과일을 재배하는 농업과 어업활동이 활발하며, 세토나이방면 연안지방에는 공업지대가 형성되어 있다.

일본 최고의 온천인 도고道後온천은 애니메이션 '센과 치히로의 행방불명千と千尋の神隠し'의 모티브가 된 곳으로 유명하다.

규슈·오키나와九州·沖縄지방

일본 최서 남단에 위치하고 있으며, 후쿠오카현福岡県, 사가현佐賀県, 나가사키현長崎県, 구마모토현熊本県, 오이타현大分県, 미야자키현宮崎県, 가고시마현鹿児島県, 오키나와현沖縄県이 속해 있다.

지리상 동남아시아와 가깝고, 고대 외래문화의 영향을 많이 받은 지역이다. 역사적으로 보면 에도시대에 나가사키에는 네덜란드와 중국의 무역선이 입항했던 곳이고, 츠시마는 조선과 외교담당을 하던 곳이다. 무로마치시대 말기 규슈의 남단 가고시마현 다네가시마種子島에 조총이 전해졌으며, 프란시스코 자비에르가 가고시마를 거쳐 그리스도교를 전파했다.

오키나와는 류큐琉球열도의 많은 섬들로 이어진 현으로 예전에는 류큐왕국의 독립국이었으나, 에도시대 사츠마번薩摩藩 지배하에 들어가 메이지시대 일본에 강제적으로 복속되었으며, 패전 후 미국의 지배에 있었다. 1972년에 다시 일본으로 반환되었으며, 현재도 미군기지가 존재하고 있다.

전 세계의 자산, 일본 유네스코 세계유산

　세계유산은 세계유산협약에 따라 유네스코가 1972년부터 인류 전체를 위해 보호해야 할 현저한 보편적 가치가 있다고 인정한 유산이다. 유네스코에 지정한 문화유산은 세계적 가치를 지니게 되어서 더 이상 그 문화유산이 개별국가의 소유물이 아니라 전 세계인들이 보존해야 할 인류의 공동자산이라는 것을 시사한다.

　일본은 1992년 6월 30일 유네스코 세계유산 협약을 수락한 이래, 현재 총 26곳의 세계유산을 보유하고 있으며, 이 중 21곳이 문화유산이며, 5곳이 자연유산이다.

　현재 47개 도도부현 중 28개 도도부현에 세계유산이 분포하고 있으며, 각 유산이 지정된 시기별로 등재 배경과 특징에 대해서 보고자 한다.

　일본의 문화유산은 고대 불교 건축물부터 근대 산업 유산, 그리고 20세기 현대 건축물에 이르기까지 다양한 시대와 특징을 가지고 있다.

문화유산

▶ 호류지 지역 불교 건조물法隆寺地域の仏教建造物(1993년 등재)

　7세기와 8세기에 지어진 호류지法隆寺와 호키지法起寺를 포함하며, 일본에 불교가 전래되던 시기의 건축양식과 불교미술의 발전을

호류지法隆寺

히메지성姫路城

보여주는 중요한 유산으로 평가되었다. 초기 일본 불교 건축의 걸작이자 동아시아 불교 건축의 발전에 큰 영향을 미쳤다. 이 지역의 건축물은 정치의 중심지에서 떨어져 있었기 때문에 전쟁으로 인한 소실을 면하여 현재까지 1400년에 걸친 역사를 그대로 전해주고 있으며, 세계에서 가장 오래된 목조 건물로 약 20여 개가 국보로 지정되어 있다.

▶ 히메지성姫路城(1993년 등재)

17세기 초에 건설된 일본 봉건시대의 성곽 건축물 중 가장 훌륭한 예로 꼽히며 복잡한 방어 시스템과 우아한 목조 건축이 조화를 이루는 뛰어난 건축적, 미학적 가치를 지니고 있다. 성벽이 불에 타지 않도록 백색의 회벽을 발라 '하쿠로성白鷺城'이라고도 불리며, 견고하고 장대한 구조와 청초한 외관을 함께 지니며 복잡하고 교묘한 방어 구조를 가진 점이 일본 성곽 중에서 가장 뛰어난 성으로 평가받는다.

▶ 고도 교토의 문화재古都京都の文化財-京都市, 宇治市, 大津市(1994년 등재)

8세기부터 19세기까지 일본의 수도였던 교토 문화유산들로, 오랜

킨가쿠지金閣寺

갓쇼즈쿠리 취락合掌造り集落

역사 동안 일본의 문화, 예술, 종교 발전에 중요한 역할을 한 사찰, 신사, 정원, 성곽 등이 포함된다. 이는 일본 건축과 정원 예술의 뛰어난 발전을 보여주고 있다. 목조 건축으로 1200년 동안 남아있으며, 헤이안시대부터 에도시대까지 각 시대의 건축 양식, 정원 양식, 문화적 배경을 담고 있으며, 특히 이 시기에 발달된 일본식 정원예술은 세계 정원 조경에 영향을 끼쳤고, 일본 전 시기를 거쳐 목조건축물 발달이 가장 두드러진 시기이다.

▶ 시라카와고와 고카야마 갓쇼즈쿠리 취락白川郷·五箇山の合掌造り集落
 (1995년 등재)

독특한 합장식 삼각형 지붕의 갓쇼즈쿠리合掌造 가옥들이 보존된 마을로, 자연 환경에 적응하며 발전한 전통적인 생활 방식과 건축 기술을 보여주는 뛰어난 사례이다. 겨울철 폭설에 대비하여 경사가 심한 지붕모양으로 지붕은 억새로 만들어 물이 스며드는 것을 방지하고 급경사로 설치하여 폭설지역의 적설시 눈의 하중을 견디기 위한 건축 양식이 특징이다.

원폭돔原爆ドーム　　　　　　　　이츠쿠시마 신사厳島神社

▶ 히로시마 평화 기념비(원폭 돔原爆ドーム, 1996년 등재)

　히로시마 기념비는 1915년 당시 체코 건축가 얀 레르트에 의해 지어진 히로시마 상업전시관으로 1945년 원자폭탄 투하 당시 남은 원폭 피해의 상징적인 유적이다. 이는 인류에게 전쟁을 되풀이하지 않기 위해 핵무기의 참혹함과 평화의 중요성을 일깨우는 강력한 메시지를 담고 있다.

▶ 이츠쿠시마 신사厳島神社(1996년 등재)

　바다 위에 세워진 신사 건축물로, 자연 경관과 인간의 창조물 건축이 조화롭게 어우러진 독특한 아름다움을 연출한다. 일본 전통 건축, 예술, 그리고 신성한 경관이 뛰어나다는 평가를 받았다. 총 21채의 건물들이 붉은 칠을 한 회랑으로 연결되어 있으며, 총 길이는 300m에 이르며 바닷물에 잠겨있는 모습은 장관을 이룬다.

▶ 고도 나라 문화재古都奈良の文化財(1998년 등재)

　8세기 일본 수도였던 나라의 문화유산들로, 일본 불교의 전성기와 고대 일본문화의 발전을 상징한다. 도다이지東大寺, 고후쿠지興福寺, 가스가타이샤春日大社 등을 포함하여 당시 문화적·정치적 중심지의

도다이지東大寺

모습을 볼 수 있다. 8개의 유산은 8세기 중국과 한반도와의 문화적 교류를 보여주는 건축물이나 예술품을 많이 남기고 있어, 나라시대 도시의 모습을 전하는 귀중한 자료이다.

▶ 닛코의 신사 및 사찰日光の社寺(1999년 등재)

도치기현 닛코시에 위치하며, 닛코 사찰은 신도의 중심지로 에도시대 건축양식을 잘 보여주고 있다. 불교 사원과 일본의 신사 건축양식이 혼합되어 있고, 대표적인 건축물로 도쿠가와 이에야스를 모신 사당인 도쇼구가 있다. 도쇼구東照宮, 후타라산 신사二荒山神社, 린노지輪王寺 등 화려한 건축물들이 자연 속에 조화롭게 자리 잡고 있으며, 일본 전통 종교 건축의 중심지 역할을 하고 있으며, 주변 자연환

도쇼구東照宮

닛코日光의 신사 및 사찰

류큐琉球왕국 슈리성首里城   기이산지紀伊山地의 영지 및 참배길

경과 어우러진 건축물은 예술적으로도 보존 가치가 높은 것으로 평가받았다.

▶ 류큐 왕국의 구스쿠 유적 및 관련 유산군琉球王国のグスク及び関連遺産群(2000년 등재)

오키나와에서 슈리성을 비롯한 류큐 왕국의 유적과 구스쿠 유적 문화의 흔적을 볼 수 있다. 15세기부터 19세기까지 류큐 왕국이 번성했던 시기의 성터(구스쿠)로 종교와 유적, 정원 등을 포함하고 있다. 일본, 중국, 동남아시아의 문화가 융합된 류큐 왕국의 독특한 문화를 보여주는 중요한 증거이다. 왕궁인 슈리성首里城을 통해 당시의 영광을 엿볼 수 있으며, 슈리성 입구의 슈레이문守禮門은 중국으로부터 영향을 받은 류큐 건축을 대표한다.

▶ 기이 산지의 영지 및 참배길紀伊山地の霊場と参詣道(2004년 등재)

기이 산지 내에 위치한 신성한 장소들과 고대 순례길을 포함하는 문화 경관으로 와카야마현, 나라현, 미에현에 있는 사원과 참배길이다. 참배길은 기이산지에 있는 요시노산吉野山과 오미네산大峰山, 구마노산잔熊野三山, 고야산高野山 3곳의 영지靈地와 함께 기이산으로

이와미石見 은광 유적　　　　　히라이즈미平泉

이어진 길을 말한다. 신도와 불교가 융합된 일본의 독특한 종교 전통과 영적인 삶을 보여주는 중요한 유산으로 평가받는다.

▶ 이와미 은광 유적과 문화 경관石見銀山遺跡とその文化的景観(2007년 등재)

시마네현 중부 오다시에 위치하며 16세기부터 20세기까지 운영되었던 은광 유적과 주변 마을, 항구를 포함한 문화 경관이다. 일본의 은 생산 기술과 자원 채취, 운송 및 무역의 역사를 보여주는 중요한 산업 유산이다. 전국시대 후기부터 에도시대 전기 전까지의 대규모 은광이었으며, 광산, 제련, 운송, 항구 등 생산과 관련된 유적이 남아 있다.

▶ 히라이즈미-불국토(정토)를 나타내는 건축, 정원 및 고고학적 유적군
平泉-仏国土(浄土)を表す建築·庭園及び考古学的遺跡群-(2011년 등재)

동북지방 이와테현 남서부에 위치하며 11세기와 12세기에 불교 사상에 기반하여 번성했던 히라이즈미의 유적들로, 정토사상을 건축과 정원, 고고학적 유적을 통해 시각적으로 구현한 독특한 문화 경관으로 평가받았다. 헤이안시대 말기, 동북지방 대호족인 오슈후지와라

후지산富士山 　　　　　　　　도미오카富岡 방직공장

씨奥州藤原氏에 의해 건립된 사원과 유적으로 그 중 다섯 건이 히라이즈미-불국토를 보여주는 건축·정원 및 고고학적 유적들이다.

▶ 후지산-신앙의 대상이자 예술의 원천富士山-信仰の対象と芸術の源泉 (2013년 등재)

일본 혼슈 중앙부 시즈오카현과 야마나시현 경계에 있는 활화산으로 해발 3,776m로 일본에서 가장 높은 산이다. 수세기 동안 일본인들에게 신성한 산으로 숭배되었고, 예술적 영감의 원천이 되어왔다. 후지산 자체뿐만 아니라 주변의 신사, 호수, 폭포 등 관련 유산들이 일본의 자연 숭배와 예술적 전통을 대표한다.

▶ 도미오카 비단실 방적공장과 관련 유산군富岡製糸場と絹産業遺産群 (2014년 등재)

19세기 말 일본의 근대화 과정에서 비단 생산의 혁신을 이끌었던 비단실 방적공장과 관련된 유적들이다. 일본이 서구 기술을 도입하여 산업화에 성공하고 세계 비단 산업에 기여한 과정을 보여주는 중요한 산업 유산으로 평가받았다. 1872년에 설립된 일본 최초의 명주실 생산 방적 공장으로, 공장 건물 및 누에 창고 등이 현재에도 보존되어 있다.

하시마端島　　　　　　　도쿄 국립서양미술관

▶ 메이지 일본의 산업혁명 유산: 제철·제강, 조선, 석탄 산업明治日本の 産業革命遺産 製鉄·製鋼, 造船, 石炭産業(2015년 등재)

야마구치, 후쿠오카, 사가, 나사사키, 구마모토, 가고시마, 이와테, 시즈오카, 8개의 현에 흩어져 있다. 19세기 중반부터 20세기 초까지 일본의 급속한 산업화 과정을 보여주는 일련의 유적들로, 서구 기술을 일본에 성공적으로 도입하고 독자적인 산업화 모델을 구축한 과정을 담고 있어서 일본 근대화의 중요한 증거로 평가받고 있다.

그 중 하시마端島(별칭 군함도軍艦島)는 이 유산군의 대표적인 증거물 중 하나로, 1960년대까지 탄광 도시였으나 석탄 산업의 쇠퇴로 폐산되었고 당시의 건축물들이 그대로 남아있다. 이 유산에는 1940년대 조선인이 강제 징용되어 석탄 노동을 한 사실이 포함되어 있으며, 우리 정부의 이의 제기로 인해 이 사실을 언급하기로 하면서 등재되었다.

▶ 르 코르뷔지에 건축 작품: 모더니즘 운동에 기여한 탁월한 공헌ル·コルビュジエの建築作品: 近代建築運動への顕著な貢献(2016년 등재)

모더니즘 운동에 공헌한 프랑스 건축가 르 코르뷔지에의 전 세계에 걸친 건축 작품 17개 중 하나로, 도쿄 국립서양미술관이 포함된다. 20세기 모더니즘 건축 운동의 중요한 발전과 국제적 확산을 보여주

무나카타宗像·오키노시마沖ノ島　　　오우라大浦천주당

는 초국가적인 유산으로 평가받는다. 이 작품들은 독일, 벨기에, 스위스, 아르헨티나, 인도, 일본, 프랑스 등 7개국에 위치하고 있다.

▶ '신이 깃든 섬' 무나카타·오키노시마와 관련 유산군「神宿る島」宗像·沖ノ島と関連遺産群(2017년 등재)

규슈에서 약 60㎞ 떨어진 오키노시마와 규슈 본토에 위치한 관련 유산군은 고대부터 현재까지 발전 계승되어 온, 신성한 섬을 숭배하는 문화적 전통이 잘 드러나 있다. 오키노시마는 일본 열도, 한반도 및 중국 대륙의 여러 국가들과 활발한 교류를 해왔으며, 4세기 후반부터 9세기 말에 이르기까지 계속된 항해 안전과 관련된 고대 제사 유적이 남아있다. 고대 호족 무나카타 가문은 오키노시마에 깃든 신에 대한 신앙을 통해 무나카타의 세 여신 신앙을 길러 왔다. 해상교통의 신앙과 관련된 독특한 문화적 전통과 고고학적 증거를 볼 수 있다.

▶ 나가사키와 아마쿠사지방의 잠복 그리스도교 관련 유산長崎と天草地方の潜伏キリシタン関連遺産(2018년 등재)

17세기부터 19세기까지 일본의 그리스도교 탄압 시기에 신앙을 비

모즈百舌鳥·후루이치古市 고분군

선사시대 조몬縄文 유적지

밀리에 지켜온 잠복 그리스도교 신자들의 독특한 종교 문화를 보여주는 마을, 유적, 교회 등을 포함한다. 오우라천주당大浦天主堂은 에도시대에 250년 간 혹독한 탄압 속에서도 신앙을 유지한 기적적인 그리스도교 부흥의 유산으로 유네스코 세계문화유산이자 일본의 국보이며, 가톨릭 교회의 성지로 평가받는다.

▶ 모즈·후루이치 고분군-고대 일본의 분묘군百舌鳥·古市古墳群-古代日本の墳墓群(2019년 등재)

4세기부터 6세기에 걸쳐 조성된 고분古墳들로 당시 일본 열도에 존재했던 강력한 통치 계급의 정치적, 경제적 권력을 상징한다. 고대 일본의 독특한 장례 문화와 사회 구조를 보여주는 중요한 고고학적 유산으로 평가되었다.

▶ 홋카이도·북동부 조몬 유적군北海道·北東北の縄文遺跡群(2021년 등재)

약 1만 5천 년 전부터 2천 4백 년 전까지 존재했던 조몬시대의 정착 생활과 문화적 복잡성을 보여주는 유적군이다. 정착 생활을 기반으로 한 수렵·채집 문화의 독특한 발전과 정신세계를 보여주는 중요한 증거로 평가받았다.

사도 광산佐渡の金山

▶ 사도 광산佐渡の金山(2024년 등재)

17세기부터 20세기까지 운영되었던 금광 유적으로, 에도시대에는 사도광산에서 산출한 금과 은으로 화폐를 주조한 일본최대의 금광이였으며, 20세기 초에는 생산량이 급증했으나, 점점 생산규모가 줄어서 1989년 폐광되었다. 전통적인 채광 및 제련 기술부터 근대적인 산업 기술까지 일본의 금광 산업 발전을 보여주는 중요한 산업 유산으로 평가되었다. 다만, 일제강점기에 강제 노역 했던 우리나라와 중국은 반대 의사를 표명하였으며, 그들의 희생자에 대한 합당한 설명과 추도예식을 요구하여 수용하기로 하면서 등재가 확정되었다.

자연유산

일본의 자연유산은 원시림, 독특한 섬 생태계, 그리고 해양 생태계의 중요성을 강조하고 있다.

▶ 야쿠시마屋久島(1993년 등재)

규슈지방 가고시마현의 섬으로 수천 년 된 고대 삼나무 숲과 독특한 생태계를 자랑하며, 아름다운 자연 경관을 볼 수 있다. 희귀하고 고유

야쿠시마屋久島

시라카미白神산지

한 동식물이 서식하는 중요한 생물 다양성 지역으로 평가받는다. 세계적으로 특이한 풍부한 물은 수천 년의 삼나무를 비롯하여 많은 고유종 및 희귀종을 포함하는 생물과 함께 아열대 지역에 위치하지만, 아열대에서 아한대에 이르는 수직분포가 보이는 등 특이한 생태계와 뛰어난 자연경관을 가지고 있다. 특히, 지브리스튜디오 애니메이션 〈모노노케히메もののけ姫(원령공주)〉의 배경 모델이기도 하다.

▶ 시라카미 산지白神山地(1993년 등재)

아오모리현과 아키타현 접경지대에 있는 자연보호구역으로 동아시아에 남아있는 몇 안 되는 원시림이자 온대 활엽수림으로 유명하다. 특히 광범위한 너도밤나무 숲은 생물 다양성 보존에 중요한 역할을 하며, 희귀 동·식물의 서식지로 유명하다. 해저 퇴적층이 쌓여 만들어진 넓은 산지로 해마다 조금씩 쌓여 침식작용이 활발하여 계곡이 깊으며 폭포가 발달되어 있다. 동·식물상의 다양성 면에서 세계적으로 특이한 숲으로 생태학적으로 진행 중인 과정을 보여주는 현저한 본보기로 평가받았다.

시레토코知床

오가사와라 제도小笠原諸島

▶ 시레토코知床(2005년 등재)

홋카이도 북동쪽에 있는 시레토코반도知床半島를 중심으로 한 지역으로 자연과 생태계가 잘 보존되어 있고 풍경이 아름다운 곳이다.

세계적으로 중요한 해양 및 육상 생태계를 보호하고 있으며, 철새와 해양 포유류에게 중요한 서식지이다. 북반구에서 가장 남쪽에 위치한 유빙이 형성되는 지역으로, 계절에 따라 다양한 해양 생물이 모여드는 독특한 생태적 가치를 지니고 있다. 대부분의 지역이 침엽수와 활엽수가 울창한 원시림을 이루고 있으며, 시레토코 반도의 북동쪽은 국립공원으로 지정되어 있다.

▶ 오가사와라 제도小笠原諸島(2011년 등재)

오가사와라섬의 많은 지역은 오가사와라국립공원으로 지정되었다. 소재지는 도쿄도에 속하나, 도쿄에서 남쪽으로 1,000여㎞ 정도 떨어진 태평양과 필리핀해 경계에 위치한다.

태평양의 외딴 섬들로 구성되어 있으며, 다른 육지와 연결된 적이 없어 고유한 생물종이 진화한 '갈라파고스'와 같은 독특한 생태계를 지닌다. 높은 수준의 고유종 분포와 진행 중인 생물 진화 과정을 보여주는 중요한 지역이다. 현재까지 인류의 영향이 거의 없기때문에 토착 자연이 유지되고 있는 미나미이오토南硫黃島는 미나미이오토南硫黃島 황야 보호구역으로 지정되었다.

▶ 아마미오시마奄美大島, 도쿠노시마德之島, 오키나와지마 북부 및 이리오모테지마沖縄島北部及び西表島(2021년 등재)

가고시마현 아마미오시마와 도쿠노시마, 오키나와현 오키나와지마 북부와 이리오모테지마 섬들은 생물 다양성이 풍부하고 고유종 비율이 높은 아열대림과 생태계를 보호한다. 동식물의 진화 과정을 보여주는 중요한 섬 생태계로, 특히 희귀하고 멸종 위기에 처한 동식물 종들의 자연 서식지로 평가 받았다. 자산이 위치한 열도 중부 및 남부의 독특하고 풍부한 생물 다양성 생존 지역 보전에 있어 극히 중요한 자연 서식지를 포함하고 있다.

아마미오시마奄美大島

철도 여행의 진미, 에키벤駅弁

에키벤 정의 및 역사적 배경

에키벤駅弁은 역駅과 도시락弁当의 합성어로, 일본의 기차역이나 열차 안에서 판매되는 도시락을 의미한다. 단순한 식사를 넘어 일본의 독특한 식문화이자 철도 여행의 핵심 요소로 자리매김하였다. 일본에서 철도망이 확장되면서 장거리 이동이 가능해졌고, 이에 따라 열차 내에서 식사할 필요성이 생기면서 에키벤이 탄생하였다.

에키벤 시초는 여러 가지 설이 있지만, 가장 유력시되는 것은 1885년 7월 16일 우츠노미야역宇都宮駅에서 시로키야白木屋라는 여관에서 판매한 도시락으로 주먹밥 두 개와 단무지 두 조각을 대나무 껍질에 싸서 5전錢에 판매된 것이 시초이다. 당시 메밀국수 한 그릇이 1전, 덮밥이 4전과 비교하면 약간 비싼 가격이었다. 이 날을 기념하여 7월 16일은 '벤토 기념일'로 지정되었다.

탄생 배경으로 당시 궤도차가 멈추는 시간이 길어져 열차 내에서 식사를 할 필요가 생기면서 이다. 특히, 우츠노미야역에서 우에노역 上野駅까지 약 3시간 30분의 긴 여정이 소요되어 기차 안에서의 식사 수요가 생겨난 것이 에키벤 탄생의 계기가 되었다. 초기의 형태는 단순한 주먹밥 형태였으나, 이후 1898년 효고현 히메지역姫路駅에서 판매한 상자에 밥과 다양한 반찬이 담긴 마쿠노우치 벤토幕の内弁当는 현대 도시락의 원형으로 평가받으며 이후 에키벤의 표준이 되었다.

다이쇼시대에는 고급 도시락인 '조토 벤토上等弁当'와 일반 도시락인 '후츠 벤토普通弁当'로 나뉘어 판매되었다. 메이지 후기부터 다이쇼시대에는 철도망 확장에 따라 각 지역의 특산물을 활용한 에키벤이 등장하며 지역색이 강해졌다. 일본은 교통수단으로 철도가 발달하여 최북단 홋카이도 왓카나이역稚内駅에서 최남단 가고시마 야마가와역山川駅까지 최단코스로 전 국토를 기차만으로 이동할 수 있다.

쇼와 중기 고도 경제 성장과 대중 여행 붐에 힘입어 에키벤 문화의 전성기를 맞이하였으나, 1964년 쾌속열차 신칸센新幹線이 개통되면서 지역마다 정차하는 역이 감소하면서 에키벤이 쇠퇴하였다.

현재는 지역 특색의 먹는 즐거움이 여행의 추억이라는 인식이 확산되면서 다시 인기를 얻고 있다. 이전에는 그 지역에 가지 않으면 즐길 수 없었던 에키벤을 에키벤 페스티벌, 백화점 행사 등의 이벤트를 통해서 한시적으로 대표적인 유명한 에키벤을 만나볼 수 있으나 역시 본토 고장에 가서 먹는 에키벤의 가치와는 견줄 수 없을 것이다.

에키벤의 특징은 지역의 특산물을 이용하여 만든 것으로 지역맛을 누릴 수 있는데 지역별로 대표적인 에키벤의 특징을 보도록 한다.

홋카이도北海道지방

이카메시いかめし 벤토와 카이센海鮮 벤토

홋카이도北海道는 신선한 해산물이 풍부한 지역 특성을 살려 해산물을 활용한 에키벤이 많다. 이카메시いかめし 벤토는 귀했던 쌀을 절약하기 위해서 고안된 메뉴로, 오징어 몸통에 쌀을 채운 홋카이도 대표 명물이다. 지역 특산물인 해산물을 이용한 카이센 벤토海鮮弁当는 게, 성게, 가리비, 연어알 등 해산물이 풍부하게 사용된다.

도호쿠東北지방

숯불구이 규탕牛タン 벤토　　도리메시鳥めし 벤토

도호쿠지방東北地方은 쌀, 소고기, 해산물 등을 활용한 도시락이 많다. 미야기현宮城県 센다이역仙台駅 숯불구이 우설 도시락은 미야기현 내에서 사육 생산되고 있는 구로케와규黒毛和牛 중에서도 최고 등급인 센다이소를 사용한다. 아오모리역青森駅 지역특산 음식을 다양하게 모은 아지즈쿠시味づくし, 오다테역大舘駅의 닭볶음밥인 도리메시鳥めし 벤토 등이 유명하다.

간토関東지방

간토지방関東地方은 수도권에 위치하여 다양한 종류의 에키벤이 모여 있으며, 도쿄역에서는 전국 에키벤 페스티벌도 개최되어 다양한 지역의 유명한 에키벤을 맛 볼 수 있다.

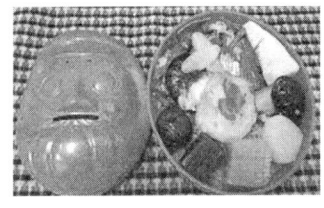
다루마だるま 벤토

시우마이シウマイ 벤토

도게노카마메시峠の釜めし 벤토

다루마 벤토だるま弁当는 군마현群馬県 다카사키역高崎駅 명물로, 1960년부터 판매되었으며 다루마인형 모양의 플라스틱 용기에 산나물, 버섯, 닭고기, 밤 등 산의 재료가 풍부한 것이 특징이다. 시우마이 벤토シウマイ弁当는 요코하마横浜 차이나타운 지역 특색을 반영하여 슈마이와 닭고기, 죽순 조림 등이 포함되어 있다.

도게노카마메시峠の釜めし 벤토는 1958년 군마현群馬県 요코카와역 横川駅에서 판매한 에키벤이다. 요코카와역은 당시 나가노현長野県과 군마현을 잇는 우스이토게碓氷峠(고개)의 관문으로 열차가 급경사를 오르기 전에 잠시 정차하는 구간이었다. 도게노가마메시는 정차 시간에 승객들이 식사할 수 있도록 개발한 것으로 전통적인 토기에 따뜻하게 제공된 형태로 에키벤 문화의 상징적인 존재가 되었다.

주부中部지방

주부지방中部地方은 바다와 산이 어우러진 지형적 특성상 해산물과 산채를 활용한 에키벤이 많다. 나고야 지역은 특유의 붉은 된장(미소) 소스를 활용한 도시락이 인기이다.

송어 초밥ますのすし　　　　　타이메시鯛めし

송어 초밥ますのすし은 도야마역富山駅 대표 에키벤으로, 대나무 잎으로 싸인 원형 초밥이다. 타이메시鯛めし는 시즈오카역静岡駅에서 1897년에 출시된 도미조림 살을 밥 위에 얹은 것으로 유명하다.

간사이関西지방

쇼진精進 벤토　　　　　핫카쿠八角 벤토

간사이지방関西地方은 역사적인 도시가 많아 전통적인 맛과 현대적인 감각이 조화된 에키벤이 많다. 역사 도시 교토역의 쇼진 벤토精進弁当는 채소, 두부 등 식물성 재료로 만든 도시락이 대표적이고, 상업 도시인 오사카역大阪駅에서는 계절에 따라 내용물이 바뀌는 핫카쿠

벤도가 유명하다. 핫카쿠 벤토는 계절에 따라 다양한 식재료로 연어구이, 조림, 가라아게(닭튀김) 등 여러가지 반찬을 담은 도시락이다.

주고쿠中国지방

주고쿠지방中国地方은 바다와 인접해 있어 해산물을 활용한 에키벤이 발달하여 히로시마역의 카키 벤토(굴), 오카야마역의 모모타로우 桃太郎 벤토 등이 있다.

시코쿠四国지방

모모타로우桃太郎 벤토

쇼유메시醬油めし·마다이真鯛·
아나고あなご 벤토

시코쿠지방四国地方은 바다와 산의 자원이 풍부해서 야채 과일을 재배하는 농업과 어업활동이 활발한 지역이다. 고속도로 네트워크 완성으로 철도 이용자도 크게 감소하고 특급열차의 고속화에 따른 승차시간 감소와 함께 에키벤 존속이 가장 우려되는 지역이다. 마츠야마 쇼유메시·마다이·아나고 벤토松山醬油めしと真鯛とあなご弁当는 무로마치시대부터 전해져오는 향토요리로 1955년부터 이 지역의 특산물

인 야채 간장 조림과 장어꼬치구이, 도미 소금구이로 요리한 에키벤이다.

규슈九州지방

사가규 스키야키佐賀牛すき焼き 벤토　　　가시와메시かしわめし 벤토

규슈지방九州地方은 풍부한 농수산물과 향토색 짙은 식재료를 사용하여 후쿠오카현 오리오역折尾駅의 명물로 가시와메시かしわめし는 1921년부터 판매하기 시작한 것으로 닭고기로 지은 밥 위에 닭고기 소보로, 달걀 지단 등을 얹은 것이 특징이다. 사가현은 지역특산품인 고급 소고기인 사가규를 활용한 사가규 스키야키 벤토佐賀牛すき焼き弁当가 유명하다.

에키벤은 다섯가지 색을 갖추고 있으며, 재료로 그 지역의 쌀과 특산물을 사용하는 것이고, 특색있는 맛과 용기의 희소성을 들 수 있다. 에키벤에는 흔히 에키벤 마크를 볼 수가 있는데 이는 역 구내에서의 판매가 허가가 된 업자 제조의 마크로 1988년에 제정 등록 상표화하였으

에키벤 마크

며 에키벤을 만들기에 힘쓰겠다는 것과 업자 서로가 정보를 교환하

면서 절차탁마 하겠다는 의지를 확인한 통일 이미지이다. 이 마크는 일본적 정서가 강하게 느껴지며, 도시락 상자 그대로를 떠올리는 십자의 도시락 경계는 화和를 상징하며, 붉은 동그라미는 히노마루 도시락(맨밥에 우메보시)과 여행과 사람과의 교류가 따뜻해지라는 마음을 표현하고 있다고 한다.

일본의 에키벤은 각 지역의 기후, 자연환경, 전통을 반영하며, 단순한 식사를 넘어 해당 지역의 문화와 정체성을 경험할 수 있는 특별한 여행 아이템이자 미식 경험이라고 할 수 있다. 여행지의 첫인상이자 마지막 추억이 되기도 하며, 일본의 지역 경제와 관광을 연결하는 중요한 문화 자산으로 평가받고 있다.

원시시대에서 근세시대까지의 역사

　일본의 역사 구분에는 다양한 견해가 존재하지만, 통상적으로 원시原始, 고대古代, 중세中世, 근세近世, 근현대近現代의 다섯 시기로 구분한다. 본서에서는 이러한 시대 구분 중 근세에 이르기까지의 역사적 전개를 중심으로 살펴보고자 한다.

조몬시대縄文時代(B.C.1만년~B.C.3세기)

　B.C.1만년~B.C.3세기로 최초로 토기를 사용, 흑갈색 토기에 새끼줄 문양을 새겨 넣어 조몬토기라 하고 이 시기를 조몬시대라 한다. 일본 열도의 구석기시대 사람들이 만든 문화로, 구석기시대의 비정주 수렵 채집에서 조몬시대는 토기와 활과 화살을 사용, 연마된 석기의 개발이 특징이다.

　대표적인 유물로 흙으로 만든 인형인 토우는 대부분 임신한 여성의 모습으로 생명 탄생에 대한 기원을 담고 있다.

　이 시기에 식량 생산 경제는 본격화되지 않고 수렵 채집 경제가 지속되었으며, 조개무덤과 석기시대의 움집인 수혈주거 같은 정착지가 형성되어 정착 생활이 시작되었다.

야요이시대弥生時代(B.C.3세기~A.D.3세기)

일본 열도에 본격적인 농업 문화가 뿌리를 내린 시기로 기원전 3세기부터 기원후 3세기에 해당된다. 기하학적인 문양, 문양이 없는 토기를 사용했고, 도쿄 야요이라는 곳에서 발견되어, 야요이문화라 한다.

조몬시대의 주류였던 수렵 채취에서 벼농사 등의 농경이 시작되어 식량 조달 방법의 변화가 마을에 대규모 공동생활의 정착으로 이어졌다.

힘을 합쳐 땅을 개간하고 농사를 짓기 위해서는 사람들의 협동이 필요했기 때문에 이것을 감독하는 족장이 생겨났다. 농경이 시작되고, 청동기와 철기를 사용하여 생산력이 높아져 빈부 격차와 신분의 분화가 일어나 강한 정치력을 가진 지배자가 출현하게 되어 지배자와 피지배자로 나뉘게 되었다. 피지배자는 자연히 지배자의 노예가 되면서 각 지역을 기반으로 하는 작은 나라가 출현하게 되었다. 이렇게 각각의 부족들은 서로 경쟁하고 통합되면서 발전하였고, 기원전 1세기경에는 서일본 지역을 중심으로 약 100개의 독립 국가가 존재하게 되었다.

야마토시대大和時代(고분시대, A.D.3세기 중후반~7세기 말)

3세기 중후반부터 7세기 말까지를 고분시대라 한다. 3세기 후반에는 둥근 모양의 토기와 사다리꼴 토기를 갖춘 고분(족장 무덤)이 서일본 각지에 등장했다. 이 시대와 아스카시대飛鳥時代를 합쳐서 야마토시대라고 한다. 4~6세기경 중앙정치조직을 가진 최초의 국가 야마토 정권이 야마토 지역(현, 나라현)에서 출현하였다. 야마토 정권은 오키미大君(대왕, 현 천황)를 중심으로 유력 호족들이 뭉친 연합국가였는데 538년에는 백제로부터 불교를 받아들일 때 불교를 지지한 소가씨蘇我氏가 모노노베씨物部氏와 나카토미씨中臣氏 일족을 무너뜨렸다. 소가씨의 수장 소가노우마코蘇我馬子가 592년 조카딸 스이코천황推古天皇을 즉위시키고 정권을 잡아 명실상부한 고대국가 아스카시대를 열었다. 스이코의 조카 쇼토쿠태자聖德太子는 소가의 절대적 협력 아래 정권 구축에 나섰다.

불교 진흥에 힘썼던 쇼토쿠태자는 자신의 정치적 입지를 다지기 위하여 한반도에 사원을 지어줄 기술자와 승려를 파견해 줄 것을 요청하였는데 고구려 백제 신라 모두 군사적으로 경쟁을 벌이고 있는 상황이였기 때문에 일본과 우호적 관계를 맺기 위하여 삼국은 모두 기술자를 파견하였다. 따라서 607년에 건설된 사원이 금당벽화로 유명한 호류지法隆寺이다. 금당벽화는 고구려의 담징이 그렸다고 알려져 있다. 이후 쇼토쿠태자는 호류사 이외에도 7개의 절을 더 지었는데 대부분이 한반도 출신의 기술자들이 만들었으며, 이를 아스카문화라 한다.

한편, 645년 나카노오에中大兄황자(=덴지천황天智天皇)가 권력의 실세 소가씨 집안 이루카를 제거하는데 성공하며 실권을 장악했다. 그 이후 모든 토지와 백성은 국가의 소유로 천황이 지배한다는 다이카개신大化改新을 발표하였다. 이에 야마토 정권은 중앙집권국가를 건설할 수 있는 토대를 마련하였다. 이후 671년 덴지천황이 사망하자 후계자를 둘러싸고 덴지천황의 아들과 동생이 대결을 펼쳐 동생 오아마大海人가 승리하였는데 이를 진신壬申의 난 이라 한다. 673년 오아마가 덴무천황天武天皇으로 즉위하였다. 이 사건으로 야먀토 정권의 귀족 대부분이 몰락했고, 일본은 훨씬 강력해진 천황 중심의 국가가 되었다. 천황 호칭을 공식화하고 왜倭라는 국호도 일본으로 바꾸었으며, 신도를 정비하여 전국의 신사를 천황의 지배 아래에 두었다.

아울러 신궁이 받들던 태양신 아마테라스 오미카미天照大神를 천황의 조상신으로 공식화하였고, 손자 몬무천황文武天皇 때 다이호 율령이 완성되어 천황을 중심으로 하는 정치 체제가 완성되었다.

나라시대奈良時代(710~794)

천황은 진신의 난 이후 수도를 아스카飛鳥로 환도했는데 아스카는 사방이 산으로 둘러 쌓여서 발전이 어려웠기 때문에 수도를 이전할 필요가 있었다. 견당사遣唐使를 파견하여 당의 문화를 흡수한 율령국가는 710년 겐메이천왕元明天皇이 나라지역에 당나라의 수도 장안을 본떠 헤이조쿄平城京를 조영하여 천도하였다. 정치적으로는 율령시대의 전성기로 중앙집권적인 정치제도가 완성되었고, 문화적으로는 백제 유민의 유입과 견당사의 파견 등으로 한반도와 당의 영향이 강했던 시기이다.

나라 도다이지東大寺 옆 창고 쇼쇼인正倉院은 중국을 통해서 들여온 세계 각지의 보물이 소장되어 있다.

한편 이 시기는 일본국가 성립을 황실 중심으로 기술한 최초의 역사서 고사기古事記와 일본서기日本書紀가 편찬되기도 하였다.

헤이조쿄平城京는 또다시 수도를 옮기는 794년까지 약 80여 년간 일본 정치와 경제의 중심지로 번성하며 국가의 모든 부와 권력이 집중되었다. 황실과 귀족이 풍요로운 삶을 살 수 있게 되자 자연히 귀족문화가 발달하게 되었는데 특히 견당사를 통해 전해진 불교문화는 국가의 보호아래 한층 더 발전하였다. 한편, 불교 세력을 키워주는 역효과도 발생해, 국민생활을 도탄에 빠뜨리고 국가재정을 파탄시키는 계기가 되기도 하였다. 게다가 황실에서 천황의 부인과 어머니

등이 연이어 사망하자 황실분위기를 바꿀 조치가 필요했는데 794년 간무천황桓武天皇은 수도를 다시 한번 현 교토지역인 헤이안쿄平安京로 변경하였다.

일본4대 귀족가문
源平藤橘 겐페이토키즈

源 미나모토 平 다이라 藤原 후지와라 橘 다치바나

미나모토, 다이라, 다치바나 가문은 천황가에서 뿌리내린 천황 혈족. 후지와라는 유일하게 신하의 신분에서 천황에게 성을 하사받은 귀족 가문이지만 4대 가문 중 최고 명문이자 가장 강력한 영향력을 행사함.

헤이안시대平安時代(794~1192)

794년 간무천왕이 헤이안쿄平安京로 천도한 때부터 미나모토 요리토모源賴朝가 가마쿠라막부鎌倉幕府를 개설한 1192년까지의 시기를 말한다. 가마쿠라막부가 성립될 때까지의 약 390년간을 말하며, 교토의 헤이안쿄가 거의 유일한 정치 중심지로 헤이안시대라 불렸다. 나라시대에 확립된 율령제와 토지공령제가 무너진 시기이기도 하며, 끌어올렸던 황실의 권력이 외척에 넘어가기도 했다.

헤이안시대 초기에는 황권강화와 중앙집권이 어느 정도 이루어졌다. 견당사가 중지되었고, 중국의 영향에서 벗어나 국풍문화가 발달하였다.

중기에는 후지와라씨藤原氏가 천황의 외척으로 섭정攝政·관백関白직을 독점하면서 귀족정치로 변모하였다. 후지와라씨가 자신의 가계 안에서 섭관정치를 유지하기 위해 딸을 천황의 황후로 만들면서 당대 재녀들을 시녀로 섬기게 하였는데, 그녀들에 의해 세계최고最古의 소설인 겐지모노가타리源氏物語를 비롯하여 마쿠라노소우시枕草子 등 많은 작품 등이 탄생하였다.

천황의 영향력은 줄어들고 귀족세력이 커지게 되었으며, 엄청난 세 부담에 시달리던 농민의 생활은 갈수록 피폐해져서 자신의 토지를 귀족에게 넘기고 그들에게 의탁하여 살며 세 부담에서 벗어나는 농민도 생겨났다. 이것은 귀족이 더욱더 넓은 사유지인 장원을 가질 수 있게 되었고, 그들은 자신의 권력을 이용하여 세금을 내지 않기도 했기 때문에 국가 세수 감소로 이어지며 중앙집권을 흔드는 결과를 초래하였다. 12세기 경에 이르면 귀족의 사유지가 전체 토지의 60%를 차지할 정도로 헤이안시대의 귀족들은 장원을 바탕으로 사치와 향락을 누리며 살수있게 되었다.

후기(1068~1192)에는 섭관가의 간섭을 배제하려는 목적으로 천황이 양위하여 상황上皇으로 원정院政을 펼쳤다. 우다천황宇多天皇이래 170년 만에 후지와라씨의 피가 섞이지 않은 고산조천황後三条天皇이 즉위하면서 장원을 대거 정리하여 국가로 환수하여 무너졌던 율령제도를 정비했으며, 수족인 중하류 귀족과 지방관들을 등용하여 국정을 안정시켰다(엔큐의 선정延久の善政). 이리하여 장원제도의 폐단이 완화되었고, 국고가 충실, 섭관가의 경제적 기반이 약화되었다. 그러나 고산조천황이 사망 후 자신의 자손들로 3대 42년간 권력을 이어갔으나, 증손자 스토쿠천황崇徳天皇이 어리고 무능한 틈을 타서 상황의 사병이였던 무사 씨족이 성장하여 다이라씨平氏와 미나모토씨源氏가 두각을 나타나게 되었다.

한편, 귀족들은 자신의 장원을 지키기 위하여 지방에서 영향력을 가지고 있는 호족의 힘을 이용하였는데, 농민들 또한 자신들의 이익을 지키기 위하여 호족에 가담하며 대규모의 전투집단이 형성되게 된다. 이들을 사무라이라 부른다. 무사세력 또한 시간이 흐르면서 강력한 세력 집단이 되었는데 그들의 세력은 귀족을 위협하는 수준에 이르며 새로운 무사의 시대가 열리게 된다.

가마쿠라시대鎌倉時代(1192~1333)

헤이안시대 말기 12세기 후반이 되어 왕권이 약화되자 국가의 보호를 받지 못하는 농민들이 자신의 목숨과 토지를 지키기 위해서 스스로 무장하고 호족을 따르는 무사가 되었다. 무사는 구성원 대부분이 농민이면서 우두머리만 황족이거나 귀족인 무장집단이었다. 이 중 가장 두각을 나타낸 집단이 천황의 후손인 미나모토씨源氏와 다이라씨平氏였다. 가장 먼저 세력을 떨친 세력은 다이라 가문의 기요모리清盛였는데 그는 1167년에 최고 관직인 태정대신太政大臣에 올라 국가 권력을 장악했다. 하지만 다이라 가문이 권력을 독점하자 그에 따른 불만세력도 많아졌다.

20년이 흐른 뒤 힘을 기른 미나모토 요리토모源賴朝는 기요모리에 맞서 가마쿠라에서 군사를 일으켰다. 여러 차례 대결 끝에 요리토모가 기요모리를 물리침으로써 두 집안의 싸움은 마무리가 되었다. 다이라 가문과 미나모토 가문은 전국의 지배권을 두고 10년동안 벌인 이 전쟁을 겐페이전쟁源平戰爭이라 하며, 여기서 승리한 요리토모는 무사정권인 가마쿠라막부시대를 열었다. 겐페이 전쟁을 승리로 이끈 미나모토 요리토모는 1192년 무사집단의 통솔자 겸 일본의 실질적 지배자를 의미하는 정이대장군征夷大將軍에 취임하였다. 하지만 당시까지만 해도 가마쿠라막부는 천황 조정으로부터 완전히 독립한 것은 아니였으며, 천황이나 귀족들은 여전히 그들이 이전부터 소유한 장원을 보유하고 쇼군도 영지를 가지고 있었다. 즉, 이 시기 일본은 천황 조정이 서일본을, 막부가 동일본을 지배하는 이중지배 체제였다. 천황 조정은 틈만 나면 무사정권을 무너뜨리려 노력하였는데 제3대 쇼군將軍 사네모토実基가 죽은 틈을 타서 전쟁을 일으켜 이를 조큐의 난承久の乱이라 하는데, 불과 한 달만에 막부군이 승리함에 따라 막부의 세력이 서일본에까지 미쳐 가마쿠라막부가 전국을 통치하는 세력이 되었다.

※ **가마쿠라막부 멸망**

막부를 도와 원나라와의 전쟁에 참가했던 무사들은 원나라와의 전쟁은 침략전쟁이 아닌 방어전이었기 때문에 막부는 그들에게 줄 토지가 없었고, 충분한 보상을 받지 못하자 막부와 무사들의 관계가 멀어졌는데 이를 노린자가 고다이고 천황이었다. 고다이고 천황을 비롯하여 막부에 불만을 가진 세력들이 천황의 편에 가담하였다. 그 중 유력 무사 고케닌御家人으로 막부 반란 진압에 파견된 아시카가 다카우지足利尊氏가 오히려 막부를 배신하고 천황 편에 가담하여 막부를 공격하여 가마쿠라 막부 멸망하게 되었다.

무로마치시대室町時代(1336~1573)

가마쿠라막부를 없앤 고다이고 천황은 자신의 세상이 올 것이라고 생각했지만 무사들에게 적절한 보상이 따르지 않아서 천황에 대한 불만도 쌓였는데 이를 이용하여 무사들을 다시 집결시킨 자가 아시카가 다카우지足利尊氏였다. 다카우지 역시 전쟁에 결정적인 역할을 했지만 이렇다 할 보상이 없었고, 쇼군의 직책까지 천황 아들에게 돌아가자 1336년 다카우지는 고다이고천황後醍醐天皇을 가두고 고묘천황光明天皇를 세우며 그로부터 쇼군의 지위를 얻어내 새로운 막부를 세웠다. 쇼군의 저택이 교토의 무로마치에 있어서 새로운 정부를 무로마치막부라 하였다.

그러나 고다이고천황은 다카우지로부터 탈출에 성공하여 교토京都 남쪽 요시노吉野로 도망쳤고, 그곳에서 새로운 조정을 세우고 다카우지에 맞섰다. 한 나라에 천황이 두명이 된 황당한 상황이 벌어진 것인데 요시노에 세워진 고다이고천황은 조정을 남조, 교토에 있는 다카우지조정을 북조라 하여 남북조시대南北朝時代가 시작되었다. 남북조시대는 무로마치막부 초기에 해당하며 1392년 다카우지의 손자이자 제3대 쇼군인 아시카가 요시미츠足利義滿가 남북조가 통일할 때까지 반세기 넘게 지속되었다.

제3대 쇼군에 의하여 남북조가 통일되자, 무로마치막부는 안정을 찾게 되는데, 국가가 안정을 되찾자 무사들의 문화가 발전하였다. 그 중 대표적인 것이 불교문화와 다도문화로 거듭되는 전란에 불교와 다도는 무사들에게 마음의 평화를 주었기 때문이다.

당시 막부에서는 불교 중에서도 개인의 참선과 정신수양을 중요시하는 선종이 유행하였고, 다실에서 차를 마시며 친목을 유지함으로써 영주는 자신의 권위를 확인하였다.

※ **무로마치막부 멸망**

남북조시대 약 60년간의 혼란은 슈고다이묘守護大名를 키우는 시기였다. 슈고는 지방행정관을 뜻하며, 다이묘는 크다라는 뜻의 다이大와 사람의 이름을 나타내는 묘名를 합친 말로 슈고다이묘는 '지방에 대토지를 소유한 행정관' 정도로 볼 수 있다. 그들은 남북조의 혼란을 틈타 점차 지방의 감시자라는 제한적 역할을 벗어던지고 장원을 잠식하면서 무사들을 거느리는 영주로 변신하였다. 슈고자리는 오랫동안 세습되었기 때문에 막부가 그들을 파면하기도 어려운 상황이었다. 결정적으로 1467년 오닌의 난応仁の乱이 지속되면서 무로마치막부는 쇠퇴를 거듭하였고, 무로마치막부는 1573년 제15대 쇼군 아시카가 요시아키가 오다노부나가로부터 교토에서 추방되면서 멸망하게 되었다.

아즈치모모야마시대安土桃山時代(1573~1603)

오다 노부나가織田信長가 무로마치 쇼군 아시카가 요시아키足利義昭를 추방하고 기나이畿内 정권을 수립했다. 노부나가가 혼노지의 변本能寺の変으로 자결하자, 도요토미 히데요시豊臣秀吉가 천하 통일 사업을 계승하여 도호쿠東北에서 규슈九州에 이르는 지역을 평정하고 통일 사업을 완료했다. 히데요시는 신분제를 강화하고 사회질서를 확립, 병농 분리兵農分離, 토지조사를 실시하여 농업생산력 파악 및 안정적인 재정 기반을 마련하였다. 통일로 인한 정치·경제적 안정은 모모야마 문화桃山文化의 번영으로 이어졌다. 히데요시는 그리스도교 포교를 금지시켰으며, 대외무역을 장려하였다. 한편 1592년 임진왜란과 1597년 정유재란의 두 차례나 조선을 침략하여 일본 내 재정과 병력 소모가 커졌고, 그 도중에 사망하여 도요토미 정권은 약화되었다.

에도시대江戸時代(1603~1868)

도쿠가와 이에야스德川家康는 세키가하라 전투関ヶ原の戦い(1600)에서 승리하여 권력을 장악하고, 정이대장군征夷大将軍으로 임명(1603)되어 에도막부江戸幕府를 수립하였다. 약 260년간 평화가 지속된 안정기에 들어갔다.

에도막부는 무가제법도武家諸法度 발포, 산킨코타이参勤交代 의무화, 유력 다이묘 개역 등을 통해 모든 다이묘와의 주종 관계를 확고히 하고, 조정 통제를 강화하며 막부 관료 기구를 정비했다. 이어서 그리스도교 제한과 무역 관리 강화를 추진하며 사회 안정을 꾀하였다. 시마바라의 난島原の乱(1637~1638)은 그리스도교 금지의 철저화와 데지마出島에서의 관리 무역을 통한 쇄국鎖国 완성으로 이어졌다.

에도시대 전기에는 막번체제幕藩体制가 확립되어 사회 안정과 경제 성장은 도시 발전을 지탱하며, 17세기 후반에 겐로쿠 문화元禄文化로 결실을 맺었다. 18세기 이후에는 상품 경제 발달과 신분제 유동화로 막번체제가 동요했다. 19세기 중반 흑선 내항黒船来航(1853)과 미일 화친 조약日米和親条約 체결(1854)을 계기로 개국되면서 막부의 쇄국 정책은 해체되었다. 불평등한 안세이 5개국 조약安政五力国条約(1858) 체결로 막부의 위신이 저하되고 조정의 권위가 증대되었다. 막부는 대정봉환大政奉還으로 권력 유지를 꾀했으나, 도막파倒幕派 세력(사츠마번薩摩藩, 조슈번長州藩, 도사번土佐藩 등)이 수립한 메이지 신정부와의 내전(보신戊辰전쟁)에 패배 후 와해되었다. 에도시대는 문화의 주체가 서민에게까지 확대되어 가부키歌舞伎, 하이카이俳諧, 우키요에浮世絵 등이 번성했으며, 테라코야寺子屋나 한코藩校에서 교육이 널리 이루어졌다.

※ **막번체제**幕藩体制

제3대 쇼군 도쿠가와 이에미츠德川家光는 에도시대의 정치체제인 막번체제를 정비한 인물이다. 막번체제란 쇼군이 통치하는 막부幕府와 쇼군의 신하 다이묘의 영지인 번藩을 합쳐서 부르는 말로 봉건제를 뜻한다. 하지만 에도막부는 국가식량 생산량의 1/4정도를 세수로 걷어들일 수 있을 정도로 막강한 힘이 있었고, 나가사키와 같은 주요 지역의 무역과 광산을 독점하면서 강력한 경제력을 가지고 있었기 때문에 다이묘들이 연합하여 반란을 일으켜도 제압할 수 있는 힘이 있었다. 막부는 막번체제를 유지하기 위하여 다이묘를 신판親藩, 후다이譜代, 도자마外様로 나누었다. 다이묘는 전국적으로 250명 정도 있었고, 다이묘는 영지 내에서 자체적으로 법률을 만들고, 조세를 걷으며, 재판을 하는 등, 작은 쇼군과 같이 활동하였다. 대신 쇼군이 군사지원을 요청할 경우 응해야 했다.

막번체제를 유지하기 위해서 산킨고타이(참근교대参勤交代) 제도가 있다. 1615년 도쿠가와 이에야스가 무사들이 지켜야 하는 법으로 공포하여 적용하던 무가법을, 이에미츠가 개정하여 지방의 다이묘들을 격년에 한번씩 에도로 불러들여 강제로 머물게 한 정책이다. 게다가 다이묘의 부인들과 자식들은 에도에 계속 거주해야만 했다. 즉, 산킨고타이는 다이묘들의 정치적, 경제적 기반을 약화시키는 기능을 하였기 때문에 번들의 불만은 쌓여 갔고, 막부는 이 정책을 계속 유지하였다.

제2장

일본의 '도道' 문화

'도道'라는 이름의 형식주의

　일본인은 모든 사물에 정신이 깃든다고 믿어 왔다. 때문에 무언가를 행하거나 만들어낼 때는 반드시 올바르고 세련된 정신이 깃들도록 그를 위한 정신적 수양이나 수련을 쌓았다. 이러한 정신적 수양이나 수련을 쌓아 가는 방법을 터득하고 다듬어 가는 과정을 그들은 하나의 '도道'로서 정립하고 발전시켜 나갔는데, 여기에서 탄생하게 된 것이 일본 특유의 '도의 문화'이다. 예컨대, 차를 음미하는 것을 다도茶道, 칼을 휘두르는 것을 검도劍道, 향을 피우고 그 향기를 즐기는 향도香道라 하는 식으로 모든 것에 '도'의 의미를 부여함으로써 그를 통해 세련되고 절제된 정신세계를 구현해내고자 했다. 일본인은 자신들이 전통적으로 신앙해 오는 종교에까지 '도'의 의미를 부여하고 그를 신도神道라 칭하는데, 일본인에게는 종교 역시 신앙의 대상이라기보다는 수준 높은 정신세계를 지향하는 하나의 '도'의 의미에 지나지 않는 것임을 시사하는 것이라 하겠다. 어쨌든 일본의 문화를 한 마디로 '도의 문화'라 해도 과언은 아닐 것이다.

　도의 문화를 전통 문화로서 자랑하는 일본인이 말하는 '도'의 의미는 대체 어떠한 것일까? 도는 과연 일본인의 정신문화 속에서 어떠한 의미를 차지하는 것일까? 일본인이 말하는 도를 크게 종교적 측면에서의 '도'와 문화적 측면에의 '도'로 나누어 간략히 살펴보는 것은 일본인의 정신문화 속에서 도가 어떻게 자리매김되는지를 엿볼 수 있는 좋은 힌트가 될 것이다.

종교적 측면에서의 도: 신도神道

신도는 간단히 말해 일본이 만들어 낸 일본만의 종교이다. 본디 신도는 샤머니즘적인 요소가 강한 것으로서 고대 일본인의 물활론物活論(모든 물건에는 영혼이 깃들어 있다고 믿는 신앙)적 믿음에 그 뿌리를 두고 있다. 때문에 신도라는 것은 특별한 교리가 있는 종교는 아니다. 그러나 일본인의 정신세계를 지배한 것은 지난 이천 년 동안 그들의 전통 신앙으로 이어져 내려온 바로 이 신도라는 종교였다. 일본인이 말하는 신도란 '배우는 것이 아니라 이해되는 것이며, 그것은 한 세대에서 다음 세대로 이어지는 전승의 의미'이다.

신도에서는 인간이 살고 있는 현세계가 가장 좋은 곳이며, 인간은 죽어서 황천이라는 지옥과 같은 곳으로 가게 된다고 믿는다. 이는 죽어서 서방의 깨끗한 정토로 간다는 불교의 교리나 이 세상 이외의 다른 세계를 부정하는 유교의 교리와 완전히 모순되는 논리인데, 그럼에도 일본에 불교와 유교가 뿌리내릴 수 있었던 것은 외래 종교의 수용과는 별개의 흔들림 없는 하나의 신도적인 공간이 있었기 때문이다. 그런데, 이 신도적인 공간은 매우 현세적이고 현실적인 것이었다. 일본인은 이 현세적이고도 현실적인 신도적 공간 속에서 천황이라는 그들만의 신을 만들어냈는데, 그것이 바로 국가 신도에 의한 천황의 신격화이다.

국가 신도는 메이지시대 천황의 권위를 강화하기 위해 생겨난 신도의 교의로서, 세계는 천조신天照神에 의해 창조되었으며 천신과 지신의 시대를 거쳐 황조신皇祖神의 자손이 만세일계萬世一系의 천황의 혈통을 이어가며 오늘날의 일본이란 나라를 만들었다고 하는 사상이다. 천손天孫으로 여겨졌던 천황은, 때문에 일본인에게 살아있는 신이기도 했다. 국가 신도는 제2차 세계대전이 끝나면서 신도지령神道指令이나 헌법 개정에 의해 조금씩 쇠퇴해 갔지만 이러한 천황 숭배 사상은 오늘날에도 일본인의 정신문화 속에서 무시할 수 없는 부분을 차지하고 있다. 이와 같이 지극히 현세적인 신도적 공간 속에서 그들의 가치와 사고를 규제했던 도덕 원리는 '신 앞에서의 양심'이 아니라 '타인 앞에서 부끄러운 짓을 하지 않는 자세'로, 일본인에게 종교는 신앙의 대상이 아닌 현세를 살아가는 하나의 정신세계 내지는 도덕관념 즉, '도'의 의미가 보다 강하다고 할 수 있겠다.

문화적 측면에서의 도: 다도茶道

다도는 자노유茶の湯라고도 한다. 다도는 다실을 꾸미고 다도구를 준비하여 차를 끓이고 마시며, 담소를 즐기는 모든 과정을 가리킨다. 보다 큰 의미에서 다도는 한 공간에서 함께 차를 나눔으로 서로의 인연을 소중히 여기고 그 인연을 도 닦듯이 키워나가는 일종의 탐미 의식이라 하겠다.

센노리큐千利休

중세 이후 일본에서는 다케노 조오武野紹鴎나 센노리큐千利休 같은 직업적인 다인茶人이 활동하게 되면서, 이들에 의해 차를 마시는 때와 장소, 그리고 차를 달이고 마시는 여러 가지 법도들이 생겨나게 되었는데 이를 일컬어 다도라 했다. 사람들은 불교의 선禪 사상과 불교 의식을 다도의 정신세계와 의식에 응용함으로, 다도를 통해 수준 높은 정신 수양을 꾀하고자 했다. 불교의 선 사상에서는 화和·경敬·청清·적寂이라 하여 서로 화합하고和 서로 공경하고敬 맑은 정신으로 무욕하며清 마음의 정적을 유지하라寂는 네 가지 규율을 승려에게 요구하였는데, 다도는 이 네 가지 규율을 받아들여 '사규四規'라는 다도의 기본 정신으로 삼았다.

어찌 보면 다도는 차를 마시는 행위보다 차를 즐기는 의식을 통해 개인의 깨끗하고 맑은 정신세계를 끌어내고 공감하고자 했던 절제되고 세련된 정신 수양이라는 의미에서의 '도'였다. 다실 안에서는 모든 세속적인 화제를 배제하고 시나 차에 관련된 오로지 풍류에 관한 화제를 이야기하도록 되어 있었다.

다실의 출입구를 니지리구치躙口라 하여 몸을 움츠려야만 들어 갈 수 있을 정도의 작은 문으로 만든 것은 다실 안에 들어가면 누구나가 똑같은 인간의 자격으로서 마주하게 된다는 상징적인 의미가 담겨져 있는 것으로, 이 역시 속세의 신분을 벗어버리고 마음과 마음이 통하는 인간끼리의 정신적 교감을 중시하고자 하는 의도에서 비롯되었다.

다도는 중국의 당나라에서 유행했던 다문화가 당에 파견되었던 견당사遣唐使라는 사신들에 의해 들어오게 되어, 그것이 하나의 절차 있는 의식으로 발전하게 된 것이다. 처음에 다도는 다기나 그에 따른 장식의 호화로움을 자랑하는 외적인 면에 편중되는 경향이 있었다. 그러나 15세기 후반 불교의 선 사상의 확산과 함께 소박함과 적막함 속에서 미를 추구하려는 무일물無一物 정신이 확산되면서 와비侘라는 미의식이 생겨나게 된다. 와비란 소박함과 차분함, 완벽함보다는 불완전함, 적막함 속에서 아름다움을 찾으려는 미의식을 말한다. 이러한 미의식은 앞서 말한 사규라는 절제된 기본 정신 체계와 어우러져,

차를 통해 얻어지는 자기 수양과 정신의 아름다움을 추구하는 하나의 '도'로서 일본인의 정신세계를 한 단계 끌어 올려주는 역할을 했다 할 수 있다.

> ※ **이에모토家元 제도**
> 각 유파의 시조는 이에모토라고 하는데, 이에모토는 문하생을 두고 다도를 전수. 문하생은 이에모토의 권위를 존중하고 제자로서의 의무를 서약. 이에모토는 각 등급의 다도를 전수받은 제자에게 사범師範의 면허발행권免許發行權과 교수권敎授權을 수여. 제자는 등급에 따라서 중간교수권을 수여받고, 그 제자는 다시 하급교수권을 수여받는 방식. 고도의 경지에 이르면 새로운 유파를 세워 유파명을 새로 부여받는 경우도 있어 이를 '나토리名取'라고 함.

일기일회一期一会의 정신, 다도茶道

다도는 일반적으로 '일정한 작법에 따라 주인과 손님이 공감하면서 차를 마시는 일본의 전통문화로서 16세기 후반 센노리큐千利休에 의해 완성했다'고 규정하고 있다.

만약에 일본에 다도의 문화가 없었다면 다인茶人이 만들어낸 미의식인 다선일미茶禅一味(다도의 경지와 선의 경지를 하나로 여김)라는 정신사상이 존재가능 했을까 하는 생각이 든다.

차문화는 9세기 초 견당사가 중국에서 가지고 들어와, 사원이나 궁궐에서 차를 마시는 일이 유행했으나, 뿌리를 내리지 못했다. 이 시기의 당풍의 차는 '단차団茶'라고 불렸다고 한다.

가마쿠라시대鎌倉時代에 승려 에사이塋西가 두 차례에 걸쳐 중국에 가서 선종禪宗과 함께 중국의 새로운 맛차抹茶(분말녹차)를 들여왔다.

다도茶道   맛차抹茶와 다기구

선종이 보급되면서 차를 마시는 풍습도 퍼졌다. 무로마치시대에는 신흥 무사층 사이에서 도차鬪茶라 하여 맛을 보고 차의 산지를 맞히는 도박성이 강한 놀이가 대유행하였다. 그들은 당나라의 값비싼 물건의 수집에 열광했고, 그 수집품을 장식하기도 하고 사용하기도 했다.

15세기 말부터 다도의 시조라 일컫는 무라타 주코村田珠光와 다케노 조오武野紹鷗가 명품인 당나라 차에 소박한 일본의 정신세계를 도입하여 미를 승화시키고자 했다. 이러한 미의식 도道를 정립한 사람이 센노리큐千利休다. 다케노의 제자인 그는 독자적인 미를 더하여 와비侘(소박하고 차분한 멋)차를 완성시켰다.

다실의 소박한 풍경과 니지리구치躙口

다실은 화려하지 않게 초가지붕으로 얹어 한적하고도 단아하게 만들었다. 지금까지 다다미 4장 반이었던 다실茶室을 다다미 1장대로 축소시켰다. 그리고 다실로 들어가는 니지리구치躙口(다실 문)는 어떤 사람도 머리를 숙이지 않고는 들어갈 수가 없다. 그 크기가 가로 세로 각각 60cm 정도인데, 이것은 신분 및 계급의 구분 없이 인간 본연의 모습으로 돌아가 겸손한 자세로 모두가 평등한 관계에서 차를 나눠야 한다는 깊은 의미가 있다. 리큐는 다도인이 갖추어야 할 기본정신

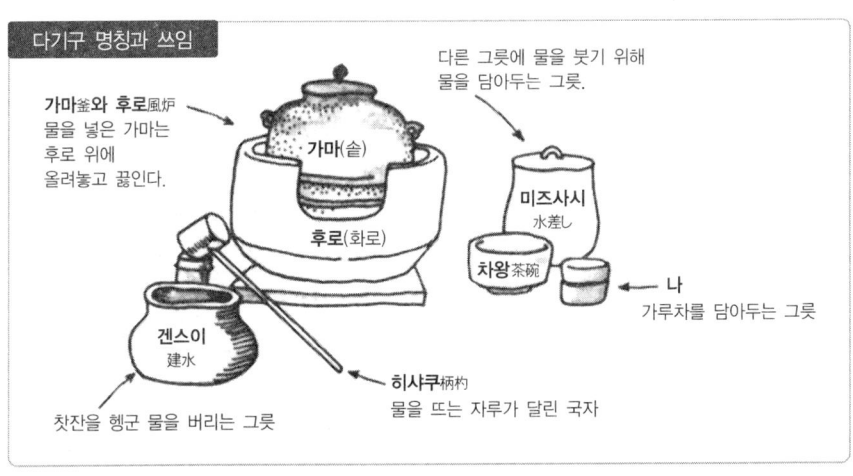

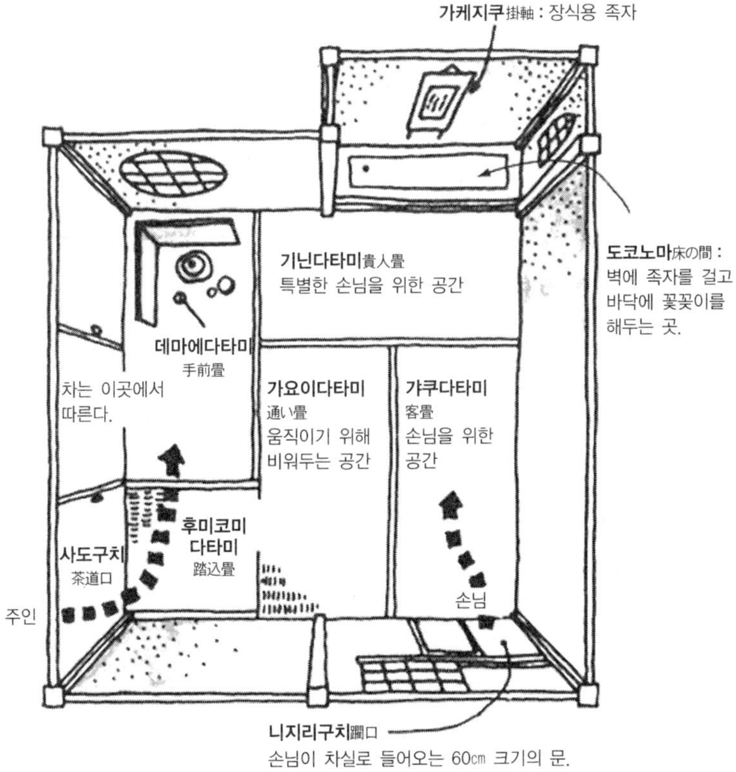

을 화和·경敬·청淸·적寂으로 표현했는데, 서로가 하나로 잘 어우러지는 상태로 주인과 손님이 대등하고, 서로 존경하고, 깨끗한 마음가짐으로, 정숙한 가운데 예의를 지켜야 한다는 것을 강조했다.

리큐는 오다 노부나가織田信長와 도요토미 히데요시豊臣秀吉의 다도를 관장해, 다도의 이론을 완성시켰을 뿐만 아니라, 다도의 예의 작법, 다회茶会(손님을 초대하여 차를 대접하는 모임)의 양식, 다회에 마련되는 가이세키요리懷石料理 등도 정립하였다.

이러한 세세한 면까지 형식을 중시한 리큐의 방식에 반대한 오가와카신小川可進은 합리적인 센차煎茶법을 고안했다. 그래서 일본 다도에서 쓰이는 차는 2가지 종류가 있는데, 찻잎을 가루로 만들어 열탕에 풀어마시는 맛차抹茶와 찻잎을 잘게 썰어서 말린 잎을 열탕에 우려마시는 센차煎茶로 나뉜다. 다도는 여러 유파가 있었지만, 현재도 다도하면 센노리큐의 와비차를 떠올릴 정도로 유일하게 내려져 오고 있으며, 주로 맛차법을 따르는 것은 변함이 없다.

다도의 예법은 형식보다는 마음을 중시하고 나를 희생하여 손님을 대접하는 것이 다도의 정신이다. 다회에서 이치고이치에一期一会란 주인과 손님의 마음가짐으로 내 일생에 단 한 번뿐인 소중한 만남으로 여겨 성심성의를 다하는 것이다. 주인은 다실 안의 도코노마床の間에 장식하는 족자掛軸나 꽃꽂이, 찻잔, 이로리囲炉裏 등의 도구, 다실 정원의 로지露地, 가이세키懷石요리 등을 정성들여 준비한다. 한편 초대받은 손님은 주인의 세심한 준비 하나하나를 칭찬해 주면서 감사하는 마음을 표현하는 것이 다도의 예라고 할 수 있다.

화도花道로 정착하지 못한 이케바나生花

이케바나生け花는 일본의 전통예술의 하나로 꽃의 아름다움을 잘 살리는 것으로, 자연에 정신적인 사상을 부여한 것이다. 현재는 대부분 이케바나로 통일되었지만, 시대와 함께 여러 가지 양식이 생겨나고 그에 따라서 명칭도 바뀌었다.

일본에서는 뭐든지 다도茶道, 서도書道, 향도香道와 같이 '○○道'가 되는 경향이 있는데 화도花道는 정착되지 않았다.

일본의 민속신앙에서는 신령이 나무에 머무른다고 생각해 예부터 소나무나 비쭈기나무에 신을 불러들여 맞이한 가지를 신의 대신으로 모셨다.

나라시대奈良時代에는 불상에 바치는 장식으로서의 공화供花가 불교와 함께 중국에서 전해졌다. 당시, 꽃은 관상용이라기보다는 종교적인 의미가 강했다. 헤이안시대平安時代에서 가마쿠라시대鎌倉時代에 있어서는 귀족들의 꽃의 우열을 겨루는 하나아와세花合わせ 놀이도 활발히 행해졌다. 이는 꽃의 아름다움을 적극적으로 찾아내고 이를 즐기려는 귀족들의 놀이 일종이었다.

무로마치시대室町時代에 쇼잉즈쿠리書院造라고 하는 건축양식의 완성과 함께 다다미畳방의 장식용으로 다테바나立花가 성립되었다. 가장 고전적인 꽃꽂이로 꽃이나 꽃나무를 그대로 세운다는 뜻으로 다테바나라 불리었으나, 아즈치모모야마安土桃山시대가 되면서 더 호

화스럽고 화려하게 정비되면서 릿카立花라 불리게 된다. 사찰을 중심으로 발생한 이케바나의 대표적인 유파인 이케노보라는 유파는 이케노보센케이池坊專慶라는 승려에 의해서 시작되었고, 이케노보센노池坊專応센のう는 오늘날 이케노보의 근본이 되는 구전서를 남겨, 단지 아름다운 꽃만을 칭송해 꽂는 것이 아니라, 자연경관을 자연스럽게 재현하는 것을 유파 방식으로 하고 있다. 이케노보센코池坊專好는 작품마다 무한의 변화가 풍부해 천재로 평가받아, 이케노보의 릿카는 크게 이름을 떨쳤다. 이케노보의 작품은 그림으로 그려져 전해지고 있다.

릿카는 규모가 커서 웅장하고 화려하며 일정한 형식을 중요시한다. 이러한 릿카에 반발해서 형식을 중요시하지 않는 자유로운 이케바나로 나게이레바나投入れ花의 양식이 나왔다. 이것은 손쉽게 가벼운 기분으로 꽃을 던져 넣듯이 꽃을 꽂는 양식이다. 정성을 들이지 않는다는 의미가 아니고, 꽃을 가공하지 않고 자연 상태로 넣는 것을 의미한다.

나게이레바나投入れ花

이것은 다도에 활용되어 다실을 장식하는 이케바나 방식으로 애호되어 차바나茶花라고 불리며 다실의 이케바나로 중시되었으나, 시간이 흐름에 따라서 다도가 추구하는 것과 어울리지 않는다고 하여 이케바나의 한 양식으로 정착되었다. 한편, 나게이레바나가 너무 형식을 갖추지 않는다는 비난으로 세이카生花가 등장했다. 이것은 릿카보다는 형식이 간략하고, 유교사상이 채용되어 천天·지地·인人이라는

세이카生花

모리바나盛花

3개의 기본이 되는 가지로 꽃의 형태를 정하고자 했다. 꽃가지의 배치와 구도를 천·지·인이라는 알기 쉬운 개념으로 꽃을 꽂는다는 점은 서민들에게 인기를 모았다. 세이카를 통해서 인륜을 바로 잡고, 부녀자들에게 삼종지의三從之義를 깨우쳐 준다는 것이 퍼진 덕분에 이케바나는 부녀자의 배울 것의 필두로 여겨져 갔다.

메이지시대明治時代에 다른 전통예술·예능이 많아짐과 동시에 일시 쇠퇴했지만, 응접실 테이블용으로 서양꽃을 도입해 색채가 풍부한 새로운 이케바나의 양식인 모리바나盛花가 생겨났다. 이것을 창조한 사람은 오하라운신小原雲心이다. 모리바나는 짧은 키의 꽃과 잎을 수반형식의 화기를 이용해 사실적이고 서경적인 풍경을 꽃으로 표현한 것으로 서양풍의 주택에 어울린다. 제2차 세계대전 이후에는 전통에 대한 비판이 일기 시작하여 젠에이바나前衛花가 시도되어 이전과는 다른 형식으로 꽃 이외의 금속·돌·유리 등을 사용하여 추상적이거나 초현실적인 상황을 표현했다.

이러한 과정을 거쳐 현재의 이케바나는 자연의 있는 그대로의 모습을 재현하는 방식과, 생각대로의 조형미를 창작하기 위해서 가지와 잎을 자르고 가지를 구부리거나 불로 굽는 등의 교정도 행해지고 있다. 현대의 이케바나에는 천·지·인의 우주와 인간과 자연의 합일로 정신적 수양을 할 수 있는 기회를 줄 뿐만 아니라, 공간을 아름답게 해주는 장식적 효과와 오랜 역사와 다양한 기법이 발달로 하나의 독자적인 예술로 자리 잡고 있다.

제3장

일본의 종교와 관혼상제

팔백만 신八百万の神이 존재하는 종교문화

　일본의 종교는 신도神道, 불교, 그리스도교, 신흥종교 등 배타적인 신앙보다는 다양한 종교 문화가 혼재되어 있다. 일본인에 있어서 종교란 생활과 문화 전반에 걸쳐서 존재하는 하나의 관습이나 생활양식으로 받아들여지고 있다. 그럼 일본인에 있어서 종교는 어떠한 존재인지 구체적으로 살펴보자.

　일본국 헌법 제20조에 일본은 종교의 자유를 보장하며, 국교를 인정하지 않는다. 2020년 기준으로 신도계는 8,792만 4,087명(48.5%), 불교계가 8,397만 1,139명(46.4%), 그리스도계가 191만 5,294명(1.1%), 기타가 733만 5,572명(4.0%)로 일본 총인구(약 1억 2,600만 명)의 1.5배에 이른다.

　이 수치를 통해서 알 수 있듯이 신자 수를 다 합쳐보면 일본 총인구를 훨씬 넘는 수치로 일본인은 한사람이 중복해서 종교를 믿고 있다는 것을 알 수가 있다.

　일본 고유의 민속종교로 자연숭배와 조상숭배를 기반으로 한다. 오래전부터 각 지역 신사에서 모셨으며 막부 말에는 다수의 신도계 교단이 만들어졌다. 불교는 6세기 중반 한반도에서 전래되어 전국 각지에 사원이 분포되었으며, 메이지明治시대 이후도 새로운 불교계 교단이 다수 만들어졌다. 그리스도교는 무로마치室町시대에 선교사 프란시스코 자비에르에 의하여 가톨릭 전파가 시작되었으며 그 후에 개신교 여러 교파가 전래되었다.

신도

신도는 고대 일본인들의 물활론적 믿음에 뿌리를 두고, 자연관과 조상숭배 정신에 중심이 되는 샤머니즘적인 요소가 강하며 산, 바위, 나무 등의 자연물이나 특정 인물의 조상신이나 천황까지도 신으로 모신다. 800만의 신이라고 하는 것처럼 신도의 신은 삼라만상에 깃들어 있다고 믿는다(八百万の神).

신도에서 말하는 신은 대단히 많아서 각 신사마다 모시고 있는 신이 다르며, 황실의 천황까지 모시는 신궁을 합치면 8만여 개에 이른다. 신도는 특별한 교리나 경전이 없으며 교훈보다는 단순한 의식으로 심신·정화의식을 중요하게 여긴다.

신사 입구 도리이鳥居

신사 입구에는 신성한 영역과 세속을 구분하는 도리이鳥居가 세워져 있다.

고대 신도는 애니미즘, 토테미즘, 조상 숭배 등의 민속 신앙에 기반을 두었다. 불교가 전래된 6세기경 이후 신도는 불교와 대립도 하였으나 점차 융합되어 신불습합神仏習合으로 나타났다.

신도에 천황을 모시게 된 것은 1868년 메이지유신 이후 신도가 천황의 권위를 유지하기 위한 국가종교로 장려되면서 부터이다(국가신도国家神道). 이는 제2차세계대전을 일으키는 원동력이 되었고, 패전 후 정교분리에 따라서 국가신도는 폐지되었다.

신도는 일본 고유의 전통종교로 민족 고유의 신·신령에 근거하여 발생하고 전개된 종교의 총칭으로 전통적인 종교적 실천에 한하지 않고 넓게 생활 전반에 계승된 태도나 사고를 포함하고 있다. 이러한 신도는 일본인의 일살생활과 문화에 깊숙이 자리 잡고 있으며, 종교를 넘어 하나의 생활양식, 관습으로 자리잡고 있다.

※ **국가신도**国家神道

일본의 국가주의적인 공식 종교로 메이지시대 천황의 권위를 강화시키기 위해 생겨난 신도의 교의로 세계는 천조신天照神에 의해 창조되었으며 천신과 지신의 시대를 거쳐 황조신皇祖神의 자손이 만세일계万世一系 천황의 혈통을 이어가며 오늘날의 일본이란 나라를 만들었다고 하는 사상이다.

따라서 천손天孫으로 여겨졌던 천황은, 일본인에게 살아있는 현인신現人神으로 국가신도에 의해 천황이 신격화 되었다. 국가종교 같은 신앙적 이념을 내세워 천황을 위해 국가를 위해 국민을 단합시키려는 충성심을 끌어올리는 역할을 하였다. 이는 제2차 세계대전을 일으켰고, 패전후 신도지령神道指令과 헌법 개정에 의해 국가신도는 폐지되었다.

이러한 천황 숭배 사상은 오늘날에도 일본인의 정신문화 속에서 무시할 수 없는 부분을 차지하고 있다.

불교

일본의 불교는 인도에서 중국, 한반도를 거쳐 전래 되었으며, 공식적으로는 538년이라고 전해지지만, 그 이전에도 민간에서 도래인渡来人에 의하여 전해졌다. 결국에는 중국·한반도의 불교에서 가져온 종파가 결성되었다. 백제 성명왕으로부터 덴메이天明천황에게 불교와 경전이 전해졌다.

새로운 종교인 불교가 수용되었을 때 숭불파인 스이코推古천황시기에 쇼토쿠聖德태자가 불교장려책으로 직접 경전을 연구하고 시텐노지四天王寺, 호류지法隆寺와 같은 사찰을 건립하고 불교의 기반을 다졌다. 불교는 유교 등에 비해서 빠른 속도로 확산되었는데, 이는 현세적인 면과 사후의 명복을 보증한다고 하는 주술적인 면이 사람들에게 호응을 얻었기 때문이다. 헤이안시대에는 귀족들의 열성적인 귀의와 보호 아래 귀족불교가 발달되었고, 가마쿠라시대에는 민중 속에도 뿌리를 내리게 되었다. 무로마치시대에 접어들면서 불교가 확산되었으나 오다노부나가와 도요토미히데요시가 천하를 통일한 후 완전히 교세가 꺾이게 되었다.

1613년 가톨릭 금지를 위해 농민 무사 등 신분에 상관없이 어느 절이든 단가檀家, 즉 불교신자로 등록을 강요하게 되었는데 이것이 당시의 호적 역할을 하게 되었다. 이것은 오늘날까지도 대부분 어느 절에 단가 되어있어, 죽으면 불교식으로 장례를 치루게 된 것이다.

불교가 일본에 뿌리를 내릴 수 있었던 것은 외래종교 수용에 있어서 일본의 독자적 개성과 타협했기 때문이다. 일본이 정통불교를 그대로 받아들인 것이 아니라 불교가 일본화되었다고 말할 수 있다. 일본이 불교화 된 것이 아니라 불교가 일본화되었다고 말한다.

불교에서 인간이 죽은 후에 가야 할 이상적 땅인 정토가 서방의 저 끝에 존재한다고 보는 추상적인 '서방정토관西方淨土觀'이 죽은자의 영혼이 가야 할 곳은 산이라고 보는 보다 실제적인 '산중정토관山中淨土觀'으로 바꿔서 일본 정서에 타협하였다. 불교가 토착화 하는데 가장 큰 역할을 한 것은 불교식 장례의식의 침투라고 할 수 있다. 10~11세기 하급 승려가 죽은 이의 유족을 찾아가 유골의 일부를 산 같은 곳에 묻으면 정토왕생 할 것이라고 전도하며, 이것이 큰 호응을 얻어서 오늘날의 납골 풍조가 생기게 되었다. 납골 풍조가 근세에는 사단과 결부되어 절과 묘지의 긴밀한 네트워크를 형성, 현재 일본인들은 불교 신자가 아니더라도 절을 찾아가서 참배하고 장례식 또한 불교식으로 행하게 되었다.

메이지시대에 접어들면서 뜻있는 불제자들에 의해 여러 종파의 부흥운동이 추진되어 근대적 종교로 다시 자리를 잡게 되었다.

일본에서는 신도와 불교의 신자가 대부분을 차지하고 있다. 신불습합神仏習合시대는 오래 이어져 왔고 메이지유신으로 신도를 국교화하기위해서 신불분리가 되었다. 그러나 이후도 신도와 불교를 완전히 분리하기 보다는 민중 차원에서는 여전히 신불습합이 남아있다. 따라서 한 가정에 신을 모시는 신단神棚과 불단仏壇을 함께 두는 경우도 흔히 볼 수 있다.

역사적으로 탄생축하·시치고산七五三·성인식 등의 하레晴れ(경사스러움)의 행사는 신도에서, 장례식 등의 케가레穢れ(불결)는 불교에서 담당하는 기능으로, 두 종교가 합쳐서 하나의 종교관을 구성하고 있다.

정착하지 못한 그리스도교

그리스도교가 일본에 전래된 것은 1549년 로마 가톨릭 예수회 소속의 선교사 프란시스코 자비에르가 가고시마에 도착한 것을 계기로 시작되었다. 1563년 가고시마의 영주 오무라 스미타다大村純忠와 충신 25명에게 세례를 받게 하여 오무라 영주를 최초로 그리스도교 신자로 개종시켰다. 영주가 그리스도교 신자로 개종하자 그 지역에는

26성인 순교

후미에踏み絵

수천 명의 신도가 생겨났으며, 1641년경에는 규슈지방의 그리스도교 신자수가 수십만 명에 달했다.

처음에 호의적이었던 도요토미 히데요시豊臣秀吉는 1587년 금교령으로 일본 그리스도교 신앙을 철두철미하게 박해하기 시작하여, 1597년 나가사키에서 활동하던 프란시스코회 신부와 선교사 6인, 일본인 신자 20인을 처형시켰다(26성인의 순교 26聖人の殉教).

이어서 도쿠가와德川막부도 철저하게 탄압하여, 이로 인하여 그리스도교 신자는 전멸했을 정도인 상황이었다. 도쿠가와막부는 그리스도교 신자를 적발하기 위해서 여러 가지 방법을 강구했는데 그 중 대표적인 것이 후미에踏み絵였다. 이는 예수나 마리아 상을 바닥에 놓고 밟고 지나가게 하는 것으로 이를 머뭇거리거나 못 밟는 사람을 그리스도교 신자로 간주하여 처벌하였다.

에도막부의 금교령으로 혹독한 탄압을 받았으나, 그 속에서도 숨어서 신앙을 250년 동안 이어온 사람들이 있는데 그들을 잠복 그리스도교인隠れキリシタン이라고 부른다. 이들은 오우라천주당大浦天主堂 축성 다음 해인 1865년에 그곳에서 신도가 발견된 역사적인 사건으로 세계교회사에 길이 남을 사건으로 유명해졌다. 현재 오우라천주당大浦天主堂은 일본에서 가장 오래된 목조성당으로 유네스코 세계문

화유산이자 일본의 국보이며, 가톨릭 교회의 성지로 평가받는다.

일본에 그리스도교가 본격적으로 다시 포교되기 시작한 것은 막부 말경으로 외국 여러 나라가 일본에게 개국 요구와 더불어 이루어졌다. 한편, 개신교는 미국의 감독교회로 성공회계열, 개혁파교회, 장로교회로부터 선교사와 목사가 각각 나가사키長崎, 가나가와神奈川로 들어왔으며, 외국인 거류지를 중심으로 전

오우라大浦천주당

도와 교육이 이루어지고, 1872년에는 요코하마横浜에 개신교로서는 처음으로 일본기독공회日本基督公会가 설립되었다.

이러한 그리스도교의 일본 포교가 재차 시작되었고, 메이지 신정부는 그리스도교 금지정책을 취했으나, 국제여론 앞에는 그리스도교 금지법을 거두어 들일 수 밖에 없었다. 이 조치가 그리스도교의 공인을 의미하는 것은 아니었지만, 실질적으로는 그리스도교의 포교를 묵인하는 결과를 낳았고, 이로써 그리스도교 각파의 포교 활동이 한층 더 확대되었다.

1940년 종교단체법이 시행되었지만 그리스도교 교단은 로마 가톨릭의 일본천주공교교단日本天主公教教団과 개신교의 일본기독교단日本基督教団이었다. 1945년 종교단체법을 대신한 종교법인령이 시행되고 각 교파는 새로운 독자의 교단 형태를 지향하는 길이 열렸다.

제2차 세계대전 이후, 성공회 등 개신교회를 중심으로 진행된 세계교회운동은 1960년대가 되면서 가톨릭이 제2차 바티칸 공의회 이래 적극적인 자세를 내우면서 크게 진전되었다.

현재 일본 그리스도교계는 일본그리스도교연합회나 일본그리스도교협의회(NCC) 등의 교단과 교파를 넘어선 조직이 있으나, 그리스도교 신자수는 인구의 1%도 미치지 않는다.

신흥종교

신흥종교는 신도계, 불교계, 그리스도교계 어느 쪽에도 특정할 수 없는 교단을 말하며, 신도와 불교 혹은 신도와 불교와 그리스도교 등 복수의 종교가 혼합된 종교나 그 어느 쪽과도 관계없는 독자적인 종교를 말한다.

제2차 세계대전 이전에 공인된 종교는 신도, 불교, 그리스도교의 세 종교만으로 비공인 종교단체는 행정상 유사종교로 취급되었다. 패전 이후 종교법인령에 의해 종교법인의 설립이 신고제로 변경되면서 이른바 신흥종교도 각각 종교법인으로 설립하게 되었다.

대표적인 예로 천리교天理教, 창가학회創価学会, 입정교성회立正佼成会 등이 있으며, 사회적 영향력이 큰 단체도 있다.

일본인의 종교의식

2020년 문화청의 종교편람에 따르면, 문부과학대신 소관 종교법인의 수는 신도계가 212개, 불교계가 483개, 그리스도교계가 328개, 신흥종교계가 124개였으며, 도도부현 지사소관으로 신도계가 8만 4,361개, 불교계가 7만 6,572개, 그리스도교계가 4,492개, 신흥종교계가 1만 3,972개 종교법인이 등록되어 있으며, 문부과학대신과 도도부현지사 소관을 합하면 18만 544개의 종교법인이 등록되어있다.

이를 계통별로 보면, 신도계가 8만 4,444개 법인으로 46.9%, 불교계가 7만 6,887개 법인으로 42.7%, 그리스도교계가 4,747개 법인으로 2.6%, 신흥종교계가 1만 4,069개 법인으로 7.8%를 차지하는 것으로 나타났다.

신자 수 별로 보면, 신도계가 8,792만 4,087명으로 48.5%, 불교계가 8,397만 1,139명으로 46.4%, 그리스도교계가 191만 5,294명으로 1.1%, 신흥종교계가 733만 5,572명으로 4.0%를 차지하는 것으로 나타났다. 총 신자수는 1억 8,114만 6,092명으로 일본 총인구(약 1억 2,600만 명, 2020년 기준)의 1.5배에 달하는 수치이다. 즉, 일본인은 중복된 종교를 동시에 가지고 있다는 것을 의미한다.

이러한 일본만의 특수한 종교의식에 대해서 좀 더 구체적으로 보고자 한다.

NHK방송문화연구소 「ISSP국제비교조사(종교) 2008」에 따르면 당신은 종교를 믿느냐는 질문에 종교를 믿지 않는다가 49.4%, 종교를 믿는다는 38.7%로 나타났다. 한편, 신의 존재에 대해서 묻는 질문에 신의 존재를 믿지 않는 사람은 8.7%의 극소수 이고, 신의 존재를 적극적으로 긍정하는 사람이 16.2%, 신의 존재 여부를 알 수 없고 존재 여부를 밝힐 방법도 없다가 19.2%, 신이 있다고는 생각하지 않지만, 뭔가 초자연적인 힘은 있다가 23.2%, 신의 존재를 믿을 때도 있고, 믿지 않을 때도 있다가 32.0로 많은 사람이 신의 존재를 믿고 있는 것으로 나타났다.

또한, 많은 것에 신의 존재를 느끼거나 모시는 기분에 대해서 이해할 수 있다가 25.9%, 어느 쪽인가 하면 이해할 수 있다가 52.9%로, 범신론적인 사람이 다수이기 때문에 종교를 믿지 않는 사람(무종교)이 거의 50%라고 해고 단순히 무신론자로 볼 수는 없는 일본인만의 종교의식을 엿볼 수 있다.

　일본인은 표면적으로는 종교를 가지고 있는 것 같지만, 일본인 중에서 확고한 종교관을 가지고 있는 사람은 거의 없다. 그렇다고 무신론자라고 인정하지도 않으며, 대부분 자신이 무종교無宗教라고 대답하는 것이다.

신도식에서 기독교식까지, 다양한 결혼문화

결혼식은 전세계 어느 국가를 막론하고 일대 중요한 행사로 각 나라만의 풍습과 관습으로 행해진다.

일본의 결혼은 크게 중매결혼과 연애결혼으로 나뉜다. 에도시대에 무가武家정권인 사무라이시대는 자신의 가문을 유지하고 확장시키기 위해서 무가 간의 결탁이 필수불가결한 것으로 중매결혼이 성행하였다. 그것이 메이지시대에 들어와서는 신분제가 폐지되었고, 계층을 불문하고 중매결혼이 확산되었다. 제2차세계대전 이후 민법이 개정되고 새로운 가족제도가 생겨나면서 결혼 방식도 변화했으며, 1960년대 후반에는 중매에서 연애결혼 중심으로 변하기 시작했다. 현재도 중매결혼이 없어진 것은 아니지만, 집안과 집안의 결합이라는 측면보다는 남녀가 만나기 위한 하나의 계기로 자리 잡고 있다.

민법상 혼인이 가능한 연령(2022년 기준)은 남녀 모두 18세인데 평균 초혼연령(2020년 기준)은 남성이 31.0세, 여성이 29.4세로 예전에 비하면 많이 늦어졌다.

일본에서 결혼 후에는 민법 750조(부부는 결혼할 때 정한 것에 따라 부夫 또는 처妻의 성을 칭한다)에 근거하여 부부는 동성同氏 규정이 있어서 호적법에 따른 부부 동성·별성別氏이 선택 가능한 국제결혼을 제외하고는 이를 따라야 한다. 근년에는 선택적부부별성夫婦別姓제도에 대한 소송이 여러 차례 제기되었으며, 2024년 3월에 새로운 선택적 부부별성을 요구하는 소송이 제기된 상태이다.

일본의 결혼식 유형으로는 크게 신전식神前式, 불전식仏前式, 기독교식キリスト教式, 진젠식人前式 혹은 히토마에식人前式으로 나뉜다.

신전식神前式

신전식은 신에게 결혼식을 맹세하는 형식으로 1900년 5월 10일 요시히토嘉仁 황태자(후일, 다이쇼 천황)의 결혼식에서 비롯되어 일반에게 널리 알려지기 시작했다.

먼저 무녀巫女의 선도로 신랑, 신부, 나코도仲人, 신랑 양친, 신부 양친, 신랑 친족, 신부 친족으로 순으로 입장하고 마지막으로 제례 주관자斎主가 입장한다. 신부의 복장은 흰색 기모노인 시로무쿠와 츠노카쿠시, 신랑은 기모노나 양복을 착용한다.

신전식神前式

식은 339도三三九度라 하여 신랑 신부가 아홉 번 돌려가면 술을 마시는 합환주 의식을 한다. 첫번째 잔은 먼저 신랑이 받고, 다음은 신부, 다시 신랑이 받는다. 두번째 잔은 먼저 신부가 받고, 다음은 신랑 다시 신부가 받는다. 세번째 잔은 첫번째 잔과 같이 먼저 신랑이 받고 다음으로 신부, 다시 신랑이 받는다. 1, 2, 3의 3번의 잔을 3회씩 받는 것으로 339도가 완성된다.

신랑 신부는 다마쿠시玉串를 신전에 바치며 두 번 절하고 두 번 박

수치고 한번 절하고, 신랑 신부에 이어서 나코도, 친족대표가 다마쿠시를 바친다. 양가가 친족이 되었다는 서약을 위하여 양가의 친족, 신랑 신부, 나코도가 잔을 들고, 제례 주관자는 식을 무사히 마쳤다는 보고를 신에게 보고하면서 절을 한 번 하고 나면 모두 일어나서 한 차례 절을 한다. 이후 제례 주관자가 축하의 인사말을 하고 퇴장하면 신랑 신부, 나코도, 친족 순으로 퇴장하면서 결혼식을 마친다. 결혼식 후에는 일반적으로 피로연 장소로 이동하여 행사를 진행한다.

불전식仏前式

불전식은 절에서 진행되는 결혼식으로 부처님 앞에서 서약하고 스님이 주례를 맡고 종파에 따라 다소 차이가 있다. 일반적으로는 주지스님住職과 참가자 모두가 부처님께 결혼을 보고하고 주지스님으로부터 죽을 때까지 불교도로서 지켜야 할 것에 대하여 전해 듣고, 묵주를 받은 후 서로 맹세하는 서약서에 서명 후, 339도를 교환한다. 불교는 일반적으로 장례식과 관련이 깊은 관계로, 불교를 믿는 가문이나 절과 연관이 있는 집안에서 진행한다.

불전식仏前式

기독교식教会式

기독교식 결혼식은 반드시 기독교 신자가 아니라도 많은 사람들이 교회나 호텔 채플에서 결혼식을 올린다. 기독교인을 모방한 결혼식으로 본래 기능의 교회가 아닌, 결혼식을 위해서 만들어진 교회 시설에 특정 종교나 교회에 속해 있지 않은 사람들에 의해서 행해지는 경우가 많다. 일본의 기독교 신자는 총인구의 1%를 넘지 않을 정도로 많지 않다.

기독교식教会式

기독교가 전래된 것은 프란시스코 자비에르에 의한 것으로 실제로 일본인이 기독교식을 올린 것은 메이지 6년 외국인 목사와 결혼한 여성이 처음이었다.

그러나 기독교식 결혼식이 붐이 된 이유는 1960년 무렵으로 인기 아이돌이나 연예인이 기독교식을 도입하기 시작한 것이 계기가 되었고, 1980년경에는 다이애나 왕세자비의 로얄 웨딩을 계기로 기독교식의 인기가 급상승한 것도 이유 중 하나라고 할 수 있다. 유명한 연예인이 기독교식으로 서양식 화려한 웨딩드레스를 입고 결혼한 것이 유명세를 타면서 일반 젊은이들이 새로운 풍과 개성을 추구하게 되면서이다. 매스컴을 통해서 웨딩드레스에 어울리는 호텔이나 교회에서 행해지는 결혼식을 기독교식 결혼식으로 자리 잡게 되었다.

기독교식 결혼식 행사는 일반적으로 제단 앞에 (신부 또는 목사), 신랑, 증인(신랑쪽, 신부쪽 각 1명)이 기다리면 신부와 신부의 아버지와 같이 걸어 들어온다. 찬송가와 기도, 성서가 낭독되고 나면 시식자에 의한 식이 진행되는데 신랑 신부의 결혼서약, 반지 교환 후, 시식자에 의하여 두 사람이 부부가 되었다는 것을 선언하는 순으로 진행된다. 그 후에는 시식자의 짧은 설교가 있고, 찬송가와 시식자에 의한 기도가 끝나면 신랑 신부가 퇴장하고, 친족대표의 인사가 진행된다. 식장 출구에서는 신랑 신부, 양옆에 증인, 바깥쪽에는 양가의 양친이 서서 퇴장하는 참석자로부터 축복을 인사를 들으면서 결혼식을 마친다. 이후 피로연 장소로 이동하여 행사를 진행하게 된다. 기독교식을 선호하는 이유는 친족뿐만아니라 친구, 동료들도 폭넓게 참여할 수 있다.

인전식人前式

인전식은 신이나 부처 앞이 아닌 양가 부모, 친족, 그리고 친분 있는 친구나 지인들 앞에서 결혼을 서약하는 형태의 결혼식이다. 주로 호텔이나 결혼식장에서 거행되며, 진행방식

인전식人前式

은 대체로 기독교식과 유사하나, 매우 자유로우며, 한 가지 큰 특징이 있다고 하면 다치아이닌立会人(참관인)에 의해 결혼 서약이 이루어진다는 점이다. 또한 결혼피로연에서는 영상연출 등이 다양하게 진행된다.

초대장

앞서 기술한 일본 결혼식 유형의 공통점은 우리나라의 결혼식과 달리 결혼식 참석자를 엄격히 제한하여 누구나 참석하는 것이 아니라 결혼식·피로연 초대장을 받은 사람 중 회신을 한 참석자만 가능하다는

초대장 예시

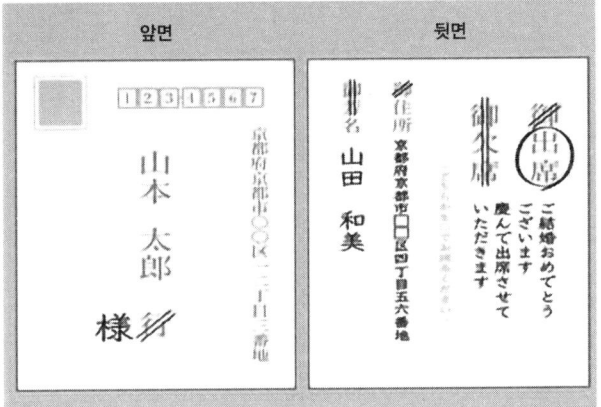

결혼식에 출석할 경우 뒷면 「御」를 이중선으로 지우고 「出席참석」에 동그라미 체크, 불필요한 글자 「御欠席불참」도 이중선으로 지움. 「住所주소」위 「御」와 이름의 「御」를 이중선으로 삭제. 여백에 축하 인사말 추가. 앞면은 「行」을 「様」로 변경.

피로연 지정 좌석표

점이다.

인원도 많지 않고 친인척과 아주 가까운 지인으로 50명 내외 정도이다. 초대장은 회신용 엽서(왕복엽서)가 동봉되어 있는데 초대장 예시와 같은 초대장을 받으면 각각 출석과 결석에 체크한 후 회신하는 것이 기본 예의라고 할 수 있다. 신랑 신부 측은 회신한 인원으로 피로연 좌석을 배정하기 때문에 참석하기로 하고 안 가거나 불참석 체크한 후 참석하게 되면 좌석도 없고 무례한 사람이 될 수 있기때문에 주의해야 한다.

축의금

결혼식 참석할 때에는 축의금 봉투는 예시와 같이 축하 제목으로 수寿 혹은 오이와이お祝い라고 윗부분에 쓰고, 아래 부분에는 이름을 쓴다. 작은 흰 봉투 앞면에는 축의금 금액을 뒷면에는 주소와 이름을 쓰는 것이 기본이다.

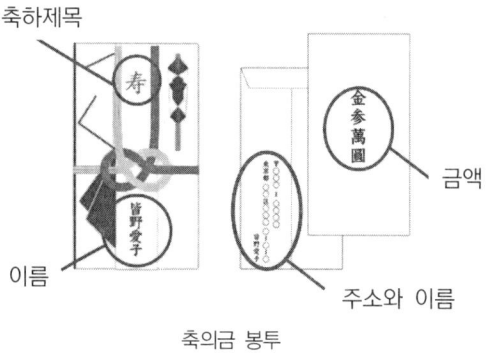

축의금 봉투

일반적으로 결혼식 축의금으로 적게는 3만 엔, 5만 엔, 7만 엔, 많게는

10만 엔 이상을 넣는다. 일본에서 홀수는 양(陽)으로 보고 짝수는 음(陰)으로 보기 때문에 축의금에서 짝수는 이별을 연상하기 때문이다.

축의금으로 최저 3만 엔 이상인 것은 결혼식 비용에 식비 및 답례품(히키데모노)만으로 2만 엔 이상 소요되기 때문이다. 금액별 봉투 예시와 같이 봉투 모양으로도 어느 정도의 축의금이 들어가 있는지 알 수 있게 하는 경우도 있다.

| 1~3만 엔 정도 | 3~5만 엔 정도 | 5만 엔 이상 | 10만 엔 이상 |

금액별 봉투

결혼식 복장

결혼식 참석자 복장은 남성의 경우, 민무늬 흰색셔츠에 검은색 정장을 입으며, 넥타이는 실버 혹은 흰색 계열이 기본 매너이며, 여성의 경우 낮과 밤을 구분하여 그림과 같이 차분한 양장스타일이 기본매너이다.

남성하객
- 검정 양복
- 무지 흰색셔츠
- 실버 넥타이
- 스트레이트 팁 구두

주간 여성하객
- 소매가 있거나 짧은 겉옷
- 반짝이지 않는 액세서리
- 무릎을 덮는 스커트
- 살색 스타킹
- 앞이임 없는 구두

야간 여성하객
- 밝은 인상의 액세서리
- 기품있는 의상
- 광택감이 있는 소재도 OK
- 긴 기장의 드레스

결혼식 하객 복장

불교식 장례문화

일본의 장례식은 종교나 지역에 따라서 차이를 보이지만 일반적으로 불교식이 대부분이며 적지만 신도식, 기독교식 장례식이 있으며, 최근에는 가족만 모여서 장례식을 하기도 한다.

일본의 장례식이 종교에 상관없이 불교식으로 대부분 행해지는 이유로는 일본 중세시대인 가마쿠라시대에 승려들이 유족을 찾아 죽은 자의 유골의 일부를 산에 묻으면 정토왕생할 것이라고 해서 그것이 현재 납골 풍조가 되었다. 또 하나는 1587년 도요토미 히데요시가 내린 금교령을 기점으로 기독교 신자의 박해가 시작되었고, 도쿠가와 막부시대 이후에도 지속되어 데라우케제도寺請制度 및 단가제도檀家制度를 실시하여 모든 사람을 의무적으로 불교 신자로 등록시켰다. 이는 사찰에 호적이나 주민증록증 개념의 종문개장宗門改帳을 발급할 권한을 부여했던 것이 지금까지도 내려와서 사후에는 불교식 이름인 계명戒名을 받으며, 이러한 일본의 의례 의식이 관습처럼 남아서 현재까지 내려왔기 때문이다.

장례식은 돌아가신 분 곁에서 추도하면서 하룻밤을 지새우는 츠야通夜와 다음날 승려를 모시고 불경을 낭독하고 참배자가 향을 피우고 참배하는 장례식葬式・고별식告別式으로 구분된다.

보통 조문은 츠야를 행하는 날에 가는데 조문시간은 일반적으로 오후 6시경부터 오후 8시 사이로 1~2시간 정도 진행된다. 너무 늦게 가면 폐를 끼칠 수 있으므로 오후 8시 전에는 도착하는 것이 예의다.

　장례식에 참배할 때에는 조의금을 준비하는데 이를 오코덴御香典이라고 한다. 조의금 겉봉투 앞면 윗부분에는 고레이젠御霊前, 아래부분에는 이름을 쓰고, 속봉투 앞면에는 금액을 뒷면에는 주소와 이름을 기재한다.

조의금 봉투

　조의금 겉봉투 표면 윗부분에는 종교와 날짜에 따라 다양하게 기재하는데 일반적으로 불교식에서는 49일까지는 고레이젠御霊前, 그 후에는 고부츠젠御仏前, 오코덴お香典이라고 기재하며, 신도식神式에서는 오사카키료御榊料, 오쿠모츠료御供物料, 오타마구시료御玉串料, 고레이젠御霊前, 기독교식에서는 오하나료御花料, 오미사료御ミサ料, 고레이젠御霊前, 종교를 모를 때에는 고레이젠御霊前이라고 쓰는 것이 가장 무방하다.

　장례식 참배 때에는 접수대에서 방명록에 이름을 기재하며 조의금을 내고, 돌아가신 분에게 합장하고 향을 피운 뒤 돌아가신 분의 사진을 보면 양손을 모아 기도한다. 마지막으로는 유족에게 인사를 하면서 참배를 마친다.

유족에게 인사할 때에는 "애통스럽게 생각합니다このたびはご愁傷様です"라고 말하며, 유족의 말을 들은 후에는 "진심으로 조의를 표합니다心からお悔やみ申し上げます"고 인사하고 참배를 마친다.

장례식 복장

장례식 복장은 남성, 여성 모두 어두운 계통의 검은색 양장이나 기모노를 입으며 여성은 손가방이나 구두 모두 검은색으로 통일하고, 남성의 경우 넥타이는 검은색을 착용한다. 액세서리는 착용하지 않으나, 진주목걸이는 허용된다.

제4장

일본의 축제문화

연중행사 및 국민의 축일祝日

오쇼가츠お正月

새해 첫날로서 간지츠元日 혹은 간탄元旦이라고 하며, 1월 1일부터 1월 3일까지의 휴일이다. 우리나라에서는 대부분 구정이라 하여 음력으로 지내지만, 우리나라의 설날에 해당된다.

하츠모데初詣

이날은 친지를 방문하여 새해 인사도 하고, 신사神社나 절에 가서 신이나 부처를 참배해 자신과 가족의 건강과 행운을 빈다. 이것을 하츠모데初詣라 하는데 전날 밤부터 1월 1일 0시를 기해 참배하는 사람들이 많다. 가까운 신사를 찾는 사람도 있으나, 이날은 전차나 버스도 철야 운행하여 서비스할 정도여서 메이지천황을 모시고 있는 도쿄의 메이지신궁明治神宮이나, 오사카의 스미요시타이샤住吉大社 등은 300만 명의 사람이 찾아온다고 한다. 최근의 하츠모데는 종교적인 면에서라기보다도 가족이나 친구들이 서로 만나 서로 즐기는 감각에 가까워지고 있다.

이날은 우리나라와 마찬가지로 오세치 요리御節料理(정월음식)와 오조니お雑煮(우리나라 떡국에 가까움)라는 특별한 음식을 먹는다. 이 음식은 원래 공양하는 음식으로서 정월에 신에게 공양했던 음식을 가족전

오조니お雑煮

원이 모여서 먹는데 이것은 신으로부터 음복을 받는다고 생각했다. 도시가미年神(정월 신)를 맞이한 3일 동안은 취사를 하지 않고, 부엌에도 들어가지 않는 풍습이 있기 때문에 장시간 보관할 수 있는 음식을 연말에 만들어 3일 동안 그것을 먹는 풍습이 있다. 그리고 오도소お屠蘇라는 약술을 마시기도 하고, 우리나라와 마찬가지로 오토시다마お年玉라는 세뱃돈을 아이들에게 준다.

정월 아침이면 집의 문 앞에 가도마츠門松를 세우는데 이것은 신이 후손들에게 찾아와 복을 내려주고 간다는 관습이 있다. 또한 현관에 시메카자리しめ飾り를 장식하는데 이는 부정한 것이 집에 들어오는 것을 막는 것이다.

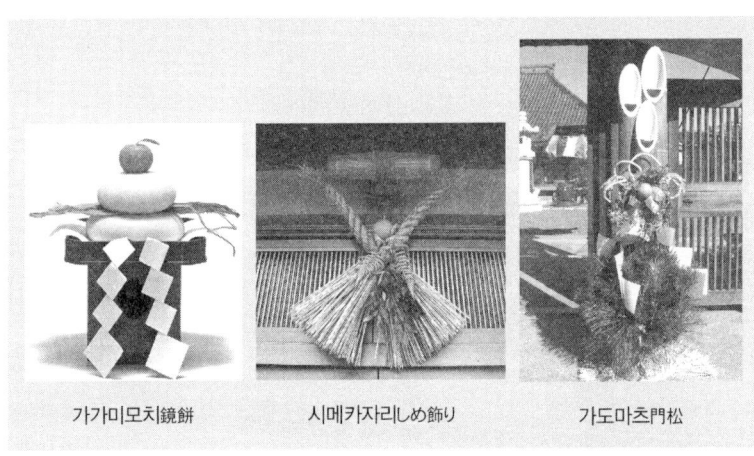

가가미모치鏡餅 　　시메카자리しめ飾り　　가도마츠門松

후손에게 복을 준다는 도시가미年神에게 바치는 동그란 모양의 가가미모치鏡餅는 가미다나神棚, 도코노마床の間, 현관, 부엌 등에 놓아

두어 만병을 물리치고 복을 얻어 불로불사를 기원하는 의미가 있다.

세츠분節分

본래 춘하추동의 분기점이 되는 입춘, 입하, 입추, 입동을 일컫는다. 입춘이 1년의 시작으로 여겨져 봄의 세츠분이 가장 중요시되었다.

행사는 봄이 시작되는 2월 3일, 4일의 입춘 전날 밤에 귀신을 쫓아내기 위해 콩을 뿌리며

세츠분節分 행사

'귀신은 물러가고 복은 들어오라'는 뜻으로 '오니와 소토 후쿠와 우치鬼は外, 福は内'라고 외치면서 볶은 콩을 집 안팎에 뿌린다. 뿌리고 남은 콩은 가족끼리 모여서 자신의 나이만큼 콩을 세어 먹는 관습이 있다.

원래 곡물의 힘으로 재해나 병을 물리치는 행사는 중국에서 전래된 것인데, 일본에서 처음에는 궁중행사로만 열리다가 점차 신사나 사원으로 보급되면서 각 가정에서까지 행해지게 되었다. 지금도 큰 신사나 사원에서는 대중스타나 유명인을 초대하여 몰려든 참배객을 향해 콩 뿌리기 행사를 한다. 콩을 먹으면 1년 내내 건강하고 나쁜 일이 생기지 않는다고 하여 수많은 사람들이 그 콩을 받아먹고자 몰려들기도 한다.

한편, 긴키지방近畿地方에서는 콩을 뿌리는 행사 이외에 후토마키太巻き를 먹는 습관이 있다. 후토마키란 굵다는 의미의 후토이太い에 말다라는 마쿠巻く가 합쳐진 단어로, 굵게 말은 김밥을 말한다. 에도

후토마키太巻き

시대江戸時代 말기부터 메이지시대明治時代 초기에 걸쳐, 오사카 상인의 사업 번창을 기원한 것으로 시작되었으나, 전후에 일시 중단되었다가 1977년 오사카 김 도매 협동조합이 도톤보리道頓堀에서 행한 김 판매 행사 등이 계기가 되어 부활하게 되었다.

세츠분 날 밤에 그해 좋은 방향을 향해서 눈을 감고 한 마디도 하지 않고 소망하는 것을 떠올리면서 후토마키를 통째로 씹어 먹는 습관이 있다. 그것은 입을 크게 벌려 복을 몸 안으로 들이고, 좋은 연을 끊지 않는다는 의미가 담겨져 있다.

히나마츠리雛祭

히나단雛壇

3월 3일에 여자아이의 장래와 행복을 기원하는 축제로, 모모노셋구桃の節句라고도 한다. 여자아이가 있는 가정에서는 붉은 천을 깐 히나단雛壇에 히나인형을 장식하고, 복숭아꽃과 히나과자 등을 바치며 시로자케白酒(희고 걸쭉한 단술)로 아이의 성장을 기원한다. 계단식으로 만든 붉은 히나단에 옛 궁중의 옷을 입은 작은 인형들을 각 단별로 장식한다. 최상단에는 오다이리사마お内裏さま라는 천황인형, 오히메사마お姫さま라는 황후 인형, 그리고 그 밑에는 궁녀인 산닌칸조三人官女, 그 아래 각단에는 악사, 무사, 수행원, 장롱 등의 가재도구, 수레 등이 장식되어 있다.

원래에는 중국으로부터 전해져 온 히나마츠리이지만, 히나인형이 장식되기 시작한 것은 에도시대江戸時代부터이다. 히나단은 원래는 7, 8단이지만 매우 비싼데다가 집에 장식할 공간도 없으므로 이렇게 격식을 다 차리는 집은 현재 그리 많지 않다. 비싼 것은 수백만 엔을 호가할 정도이다. 히나단은 히나마츠리가 시작되기 며칠 전부터 장식해 3월 3일이 지나면 바로 치우는데 장식해 두는 기간이 길면 길수록 시집을 늦게 간다는 말이 있었기 때문이다. 초기의 히나마츠리는 나쁜 것을 히나 인형에 옮긴 다음 바다나 강에 흘려보냈는데, 지금도 와카야마현和歌山縣과 돗토리현鳥取縣에서는 3월 3일부터 4일에 걸쳐서, 장식했던 히나인형을 강이나 바다에 흘려보내는 풍습은 전국적으로 유명하다.

단고노셋쿠端午の節句

3월 3일 히나마츠리가 여자아이를 위한 날이라면 5월 5일은 남자아이를 위한 날이다.

이날은 남자아이의 축일로, 남자아이가 건강하고 씩씩하게 자라기를 기원하며, 남자아이가 있는 가정에서는 갑옷과 투구를 갖춘 무사 인형을 장식한다.

무사인형

예로부터 이어져 온 무가사회武家社会에서 몸을 지키는 무사의 갑

고이노보리鯉のぼり

옷과 투구는 매우 중요한 존재였다. 갑옷과 투구는 몸을 보호할 뿐 아니라, 사기邪気와 재난으로부터 집안을 지킨다는 의미를 지니며, 사용하지 않을 때에는 집안의 가장 중요한 장소에 보관되었다.

특히 대장大将의 지위에 있는 무사는 전장에서의 권위와 집안의 번영을 과시하기 위해 호화로운 장식을 한 갑옷과 투구를 갖추기도 했다. 이러한 전통은 국보로서 현대까지 계승되었으며, 이를 본떠 단오절에 갑옷과 투구를 장식하게 되었다. 이 풍습은 집안을 지키고, 남자 아이가 건강하고 강하며 늠름하게 성장하기를 바라는 뜻을 담고 있다.

또한 집 밖에는 잉어 모양의 깃발인 고이노보리鯉のぼり를 장식한다. 종이나 헝겊으로 만든 이 깃발은 남자아이의 출세와 성장을 기원하는 상징으로, 잉어가 폭포를 거슬러 올라 용이 된다는 전설 등용문登竜門에서 유래하였다.

다나바타七夕

7월 7일에 열리는 행사로, 우리나라에서는 칠석七夕이라고 한다. 은하수를 사이에 두고 헤어져 있는 견우와 직녀가 1년에 한번 만난다는 중국의 전설로 우리나라는 물론 아시아 일대에도 널리 알려져 있다. 이 이야기에 일본 옛날 풍습이 겹쳐져 소원을 적은 단자쿠短冊(가늘고 기다란 모양의 종이)를 대나무에 묶어두고 칠석七夕날 저녁 하루만 만날 수 있도록 허락된 견우와 직녀에게 소원을 들어 달라고 기원하는 것이 일반적인 행사이다.

에도시대에는 막부의 공식행사 중 하나였지만, 1873년 공식행사로서의 다나바타는 폐지되었다. 그럼에도 불구하고 오늘날에도 이 날을 기념하는 풍습은 이어지고 있다. 상점이나 백화점에서는 손님을 끌기 위해 화려한 장식물을 내걸고, 문구점에서는 단자쿠短冊를, 꽃가게에서는 작은 대나무인 사사笹를 판매한다. 대나무에 단자쿠를 매다는 풍습은 에도시대에 생겨난 것으로, 우리나라나 중국,

단자쿠短冊

동남아시아의 칠석 행사에서는 찾아볼 수 없는 일본 특유의 풍습이다.

대표적으로 미야기현宮城縣의 센다이시仙臺市와 가나가와현神奈川縣의 히라츠카시平塚市의 다나바타마츠리는 화려함이 전국적으로 유명하다.

오봉お盆

원래는 음력 7월 13일~15일을 중심으로 조상에게 제사를 지내던 행사였으나, 현재는 양력 8월 15일 전후로 정착되었다.

오봉お盆은 조상의 영전에 음식을 차리고 명복을 비는 불교행사와 돌아가신 조상을 맞이하여 생활의 번영을 빈다는 일본 특유의 풍습이 합쳐진 것이다. 오봉에는 조상의 영혼을 집으로 맞아들여 제사를 지내고, 성묘를 하며 조상을 위로하는 행사를 갖는다.

13일에는 무카에비迎え火(환영횃불)라 하여 조상의 영혼을 맞이하기 위해서 못자리나 강가, 문 앞 등에 불을 피워놓고, 선조의 영을 집안으로

오모지야키大文字焼き

봉오도리盆踊り

모신 다음에 선조의 영혼에 감사하는 제사를 드린다. 오봉 기간 동안에는 불단에 본다나盆棚(제물선반)라는 선반을 마련하여 특별한 공물을 바친다. 다식 또는 과자, 과일, 국수, 가지, 꽈리, 경단 등을 준비한다. 14일 내내 집안에 모셔둔 영혼은 15일 밤에 돌아가는데 이때도 불을 피워서 조상의 영혼을 배웅하는데 이것을 오쿠리비送り火(송별횃불)라고 한다. 매스컴에서 볼 수 있는 대표적인 행사로 교토京都의 오모지야키大文字焼き(大자 모양으로 큰 불을 놓음) 등은 큰 규모로 행해진 오쿠리비이다.

지방에 따라서 불을 피우는 대신 선조의 영혼을 모형 배에 태워서 강물에 띄워 보내는 곳도 있다.

일본에서 오봉 하면 빼놓을 수 없는 것이 봉오도리盆踊り인데, 오봉 기간 동안에 각 지역에서는 선조의 영혼을 즐겁게 해드리기 위해서 봉오도리盆踊り가 행해진다. 유카다浴衣(여름에 입는 홑겹옷)를 입은 사

람들이 중앙에 세워진 망루櫓 주변에서 원 모양을 그리며 춤을 춘다. 이것은 지역공동체 의식을 고양한다는 취지에서도 의미 깊은 여름의 행사가 되고 있다.

시치고산七五三

시치고산은 11월 15일에 아이의 성장을 축하하고 건강을 바라는 마음에서 하는 행사이다. 남자아이는 3세와 5세, 여자아이는 3세와 7세가 되는 해에, 부모를 따라 기모노着物(일본전통의상) 등을 차려입고 신사神社에 참배하러 간다.

시치고산七五三 기모노着物

지토세아메千歳あめ

신사神社에서는 신사의 신관神官이 아이들이 건강하게 성장할 수 있도록 오하라이御祓い(신에게 빌어서 죄나 부정을 없애는 의식)를 한다. 이 의식은 에도시대의 무가사회의 관습이 남아있는 것으로, 당시 무가의 자녀는 3세에 남녀 모두 처음으로 머리를 늘어뜨리는 '가미오키髪置 의식'을 행하고, 그 후 남자아이는 5세가 되면 처음으로 하카마를 입는 '하카마袴 의식', 여자아이는 7세가 되면 처음으로 히모紐(끈)를 풀고 정식으로 오비帶(띠)를 하는 '오비토키帶解 의식' 등에서 유래되었다.

현재에는 기모노 이외에도 서양식 정장을 하고 참배하는 경우도 있다. 이 날 아이에게 시치고산을 기념하는 붉은색과 흰색의 가늘고 긴 사탕인 지토세아메千歲あめ를 주게 되는데, 이것은 1,000살까지 살 수 있도록이라는 의미로 장생을 기원하는 것이다.

넨마츠年末

12월 말에는 일 년을 마무리하고 새해를 맞이하는 준비 기간으로 대청소를 하게 되는데 이것을 스스하라이煤払い(대청소)라고 한다. 평소에 못했던 구석구석까지 집중적으로 대청소를 하는데, 이것은 일종의 종교적인 행위였다. 일 년 동안의 세속

도시코시소바年越しそば

적인 생활 속에서 조금씩 쌓인 때와 재를 새해가 오기 전에 전부 씻어버린다는 의식에서 기인하고 있어 재난을 물리친다는 뜻을 담고 있다.

그리고 오미소카大晦日(섣달그믐날)에는 도시코시소바年越しそば라 하여 1년 마지막 날에 먹는 메밀국수는 가늘고 길어서 장수의 의미를 가지며, 한편 국수가 잘 끊어지는 것에서 유래하여 액운과 빚을 청산한다는 의미도 담고 있다.

새해를 맞이하는 시간에는 제야의 종을 치는데, 우리나라는 33번을 치는 데 반해, 일본은 108번을 친다. 이것은 불교에서 인간의 번뇌가 108개라 해서, 묵은 한 해 동안의 번뇌를 없애고 깨끗한 새해를 맞이하기 위함이다.

또한 한해를 마지막으로 장식하는 역사가 긴 TV프로그램으로

NHK의 고하쿠우타갓센紅白歌合戰(가요홍백전)이 유명하다. 최고 시청률 80%에 근접한 해도 있을 정도로 가족들이 모여서 보는 국민방송이다. 최근에는 시청률이 30%대로 많이 떨어졌지만, 아직도 연말하면 이것을 떠올릴 정도로 사랑을 받고 있다. 이것은 한 해 동안 활약이 컸던 가수나, 영향력이 있는 국민가수들이 나오는데, 여기에 출현하는 것만으로 가수들은 최대 영광으로 생각한다. 우리나라 출신으로 조용필, 계은숙, 김연자가 출현한 적이 있고, 젊은 가수로는 2000년도 보아와 동방신기가 몇 년째 출현했고, 2011년에 카라, 소녀시대, 2017년에는 트와이스가 몇 년째 출현하고 있다. 하지만 세계적인 대스타인 BTS는 출현하지 못했다.

> ※ **겐페이 전쟁源平合戰**
> 헤이안시대 사무라이 대표 두 가문 겐지源氏와 헤이시平氏가 싸울 때 겐지가 백기, 헤이시가 홍기를 들고 싸운데에서 유래되어 가요홍백전이 됨.

일본 국민의 축일祝日

국경일은 1948년에 공포한 '국민의 축일에 관한 법률'에 의해 정해졌으나, 수차례 개정을 통해 현재에 이르고 있다. 2025년 현재 16개의 국경일이 정해져 있다. 한편, 일본국 헌법에 정교분리가 되어있어 법정 국경일에 휴일로 지정된 종교기념일은 존재하지 않는다.

주5일 근무가 증가하면서 1999년 축일개정법(해피먼데이법)이 성립되어 3일 연휴를 만들기 위해 축일이 월요일로 개정되기도 했다. 일본에서 가장 기대하는 휴일인 골든 위크Golden Week는 일본의 황금연휴로 4월 29일부터 5월 5일까지의 공휴일과 국경일이 겹치는 긴

휴가기간을 말한다.

또한 일본국경일의 특징은 아래의 국경일을 보면 알 수 있듯이 천황과 깊은 관련을 가진 날이 많은 것을 알 수 있다. 이 또한 일본이 천황의 나라라고 하는 것을 실감나게 한다.

◎ 1월 1일
설날(正月, 元旦).

◎ 1월 둘째 월요일
성인의 날成人の日.
만 20세가 되는 남녀가 성인이 된 것을 축하해 주는 행사.

◎ 2월 11일
건국기념일建国記念日.
전설상의 초대천황인 진무천황神武天皇의 즉위를 기념하는 날. 우리나라의 개천절에 해당.

◎ 2월 23일
천황탄생일天皇誕生日.
아키히토천황明仁天皇에서 나루히토천황徳仁天皇으로 황위계승되면서 2020년부터 레이와令和천황의 생일을 축하하는 날.

◎ 3월 21일경
춘분春分の日.
낮과 밤의 길이가 거의 같아지는 날로, 조상에 대한 감사의 의미로 성묘를 하며 조상의 영혼을 위로함. 메이지시대 역대 천황의 제사를 지내는 춘계황령제春季皇靈祭에서 유래.

◎ 4월 29일

쇼와의 날昭和の日.

원래는 쇼와천황의 탄생일이었으나 쇼와천황 사망 후, 1989년에 미도리노히緑の日(식목일)로 제정하여 기념하기도 하였으나, 2007년부터 쇼와의 날로 변경됨.

◎ 5월 3일

헌법기념일憲法記念日.

1947년 일본국헌법의 시행을 기념하는 날. 우리나라의 제헌절에 해당.

◎ 5월 4일

미도리노히緑の日(식목일).

원래는 국민의 휴일國民の休日이라는 축일이었으나 2007년부터 미도리노히로 변경됨.

◎ 5월 5일

어린이날こどもの日 또는 단고노셋쿠端午の節句.

어린이의 건강과 행복을 기원.

◎ 7월 셋째 월요일

바다의 날海の日.

바다의 은혜에 감사하고 해양국 일본의 번영을 기원.

◎ 8월 11일

산의 날山の日.

산을 즐기는 기회를 얻고 산의 은혜에 감사를 기원.

◎ 9월 셋째 월요일

경로의 날敬老の日.
1966년 노인복지법의 제정을 기념하여 제정되었으며, 노인을 공경하고 장수를 축하함.

◎ 9월 23일경

추분秋分の日.
춘분과 마찬가지로 낮과 밤의 길이가 거의 같아지는 날로, 조상에 대한 감사의 의미로 성묘를 하며 조상의 영혼을 위로함. 역대 천황의 제사를 지내는 추계황령제秋季皇靈祭에서 유래.

◎ 10월 둘째 월요일

스포츠의 날スポーツの日.
국민이 운동을 가까이하고 건강한 심신을 기르는 날로, 1964년 10월 10일부터 24일까지 개최된 도쿄올림픽을 기념하여 제정됨. 2020년 체육의 날에서 스포츠의 날로 명칭 변경.

◎ 11월 3일

문화의 날文化の日.
일본국헌법에 명문화된 평화와 자유의 애호를 기리는 날로, 원래는 1912년에 서거한 메이지천황明治天皇의 생일임.

◎ 11월 23일

근로감사의 날勤勞感謝の日.
근로를 존중하고 생산을 축하하며, 서로를 격려하는 취지로 제정됨.

신사와 공존하는 마츠리祭

 일본에는 봄, 여름, 가을, 겨울 할 것 없이 사계절에 걸쳐서 마츠리 광경을 흔히 볼 수 있다. 마츠리 하면 쉽게 한국어로 축제라고 볼 수 있다.
 마츠리란 집단에 의한 의례의식의 하나로, 본래는 원시·고대종교의 집단 의례를 총칭한다. 현대에서는 문화적으로 일반화되어, 축하하는 내용의 사회행사를 호칭하는 것으로 자주 사용되는 언어가 되었다.
 일본어의 마츠리의 어원은 일본어 마츠루奉る(떠받들다, 바치다), 마츠라우服ふ(따르다, 복종하다)라는 동사에서 윗사람을 받들어 섬긴다는 의미의 명사형이다. 한편, 눈에 보이지 않는 것을 보이는 장소, 접촉하기 쉬운 장소에서 기다려 기쁘게 맞는다는 것으로 마츠待つ(기다리다)를 같은 어원으로 보기도 한다.
 일본 마츠리의 특징은 신도라는 전통적인 종교와 깊은 관련을 가지며, 신도의 성전인 신사神社가 마츠리의 중심장소로 주목해야 할 사회현상이다.
 일본에서의 마츠리는 인간이 있는 곳으로 신을 부르는 행위, 그리고 신을 대접하고 자신들의 안녕을 바라며 기원을 전하는 제사적 의례 행위에서 출발되었다. 옛날 사람들은 태양의 움직임, 사계절의 변화, 비, 바람, 눈 등의 자연현상을 비롯하여, 천재지변이나 병, 죽음

등은 초인간적인 힘을 가지는 신이나 영혼의 힘에 의해서 일어나는 것으로 생각하였다. 그래서 사람들은 신을 두려워하고 공경하였다. 그런데 신이라고 해서 모두 좋은 신, 즉 복신福神만이 있는 것은 아니고, 오히려 화를 내리는 무서운 신, 즉 역병신과 같은 것이 더 많다고 생각하였다. 그래서 좋은 신은 니기미타마和魂를 가지고 있고, 나쁜 신은 아라미타마荒魂를 가지고 있다고 여겼다. 그래서 사람들은 좋은 신에게는 제사를 지내서 오곡풍양, 사업번창, 가내안전 등을 기원했으며, 한편 나쁜 신에게도 제사를 지내서 그 무서운 신통력을 봉쇄하기도 하고 다른 곳으로 추방하기도 하였다.

하지만 현대 마츠리는 종교적인 의미는 크게 퇴색되었고 현재를 살아가는 사람들을 위한 일종의 축제로 변형되었다. 그러므로 현재 일본에서 행해지는 마츠리는 대중적인 성격이 강하며, 지역 사람들의 자발적인 주최와 참여로 이루어지는 것이 대부분이다.

주로 신사나 사원에서 신을 받드는 제사의식, 마을의 개척신이나 조상신을 모시는 그 지역만의 특성을 나타낸 독특한 마을단위의 축제, 관광지나 상점가 등에서 고객을 부르기 위한 이벤트행사의 의미를 가진 마츠리가 주를 이룬다. 유명한 신사에서 행해지는 전국적으로 유명한 마츠리는 오랜 전통과 풍부한 재력을 동원하여 화려하고 규모가 크다.

이러한 전국적으로 유명한 마츠리는 수많은 사람들이 찾아와 그 열기를 더욱 뜨겁게 한다. 타 지역에서 온 많은 손님들뿐만 아니라 외국의 수많은 사람들도 매년 일본의 마츠리를 보기 위해 찾아옴으로써 숙박업소, 상점 등은 호황을 이루게 되어 지역 경제 발전에도 커다란 공헌을 하게 된다. 또한 마츠리는 행사를 위한 준비과정에서부터 행사가 끝난 후까지 수개월에 걸쳐 진행된다. 오랜 기간 마츠리를 준비하고 행사를 진행하면서 마을 사람들은 자신이 사는 지방에 대한 긍지와 함께, 협동을 통한 주민간의 공동체의식을 고양시키는 역할도 하게 된다.

이와 같은 마츠리는 1년 내내 각 지방에서 개최되고 있다. 그 중에서 가장 유명한 일본의 3대 마츠리는 일반적으로 교토京都의 기온마츠리祇園祭, 도쿄東京의 간다마츠리神田祭, 오사카大阪의 덴진마츠리天神祭를 들 수 있다. 그밖에 일본의 대표적인 마츠리는 미야기현宮城県 센다이仙台의 다나바타마츠리七夕祭, 아오모리현青森県의 네부타마츠리ねぶた祭, 후쿠오카현福岡県 하카타博多의 돈타쿠마츠리どんたく祭, 도쿠시마현徳島県의 아와오도리마츠리阿波踊祭, 홋가이도北海道 삿보로札幌의 유키마츠리雪祭 등 각지의 다양한 마츠리가 있어서 일본을 마츠리의 나라라고 한다.

오코노미야키お好み焼き

긴교스쿠이金魚すくい

이러한 마츠리가 개최될 때 각 지역의 신사나 상가 주변에서는 마츠리 행사와 더불어 절대 빠질 수 없는 것이 야다이屋台(포장마차)이다. 마츠리의 규모에 따라서 차이는 있겠지만, 마츠리가 행해지는 길가에 수십 대 이상의 야다이가 늘어선다. 야다이의 종류를 보면 먹을

거리와 볼거리로 나눌 수 있다. 먹을거리로 오코노미야키お好み焼(새우, 오징어, 야채 등 기초에 맞는 재료를 물에 갠 밀가루에 섞어 부친 부침개 일종), 다코야키たこ焼(문어를 잘게 썰어 밀가루 반죽한 탁구공만한 크기로 구운 것), 야키소바焼きそば(야채와 돼지고기 등을 넣고 볶은 면), 야키토리 焼き鳥(닭꼬치), 링고아메リンゴ飴(사과에 사탕 물을 바른 사과), 초코바나나, 가키고오리かき氷(빙수) 등이 있고, 볼거리 게임으로는 긴쿄스쿠이金魚すくい(금붕어 낚기), 다마스쿠이玉すくい(구슬 낚기), 장난감 총으로 경품 맞추기 등이 있어서 마츠리를 연령에 상관없이 더욱 만끽할 수가 있다.

다음은 일본의 3대 마츠리를 구체적으로 보기로 한다.

교토 기온마츠리京都祇園祭

야사카신사八坂神社

교토의 기온마츠리는 야마보코山鉾(높은산 모양에 창이나 칼을 꽂은 호화롭게 장식한 수레) 순행을 중심으로 한 성대한 제례로서 일본 3대마츠리의 하나로 꼽힌다. 또한 현존하는 야마보코 29대 모두가 국가의 중요민속문화재로 지정되어 있다. 예전에는 기온고료에祇園御霊会라고 하여 6월에 거행되었으나, 현재는 7월에 개최되어 약 한 달 동안 진행된다.

마츠리의 유래는 869년 교토에 전염병이 돌았을 때 기온사祇園社(현, 야사카신사八坂神社)에서 큰 제사를 올려 전염병을 퇴치한 일이 기원이 되었다. 천재나 역병 등 재난의 발생은 정치적 음모에 의해 희생된 사람이나 비명에 죽은 사람들의 영혼이 저주한 것이라고 믿었다. 그래서 그 영을 달래고 위로하여 재앙을 벗어나기 위한 제사를 드렸는데 그것이 바로 고료에御靈会이다. 사람들은 수많은 신, 동·식물의 정령, 역병신, 당시 비명에 죽은 영혼, 그리고 불교의 여래나 보살 등을 기원의 대상으로 생각하고 역병퇴치를 기원했다.

야마보코 순행山鉾巡行

일본의 신은 왕래하는 신으로 산과 바다로부터 인간세상으로 찾아오는 나그네まれびと에 비유된다. 인간세상에 있는 동안 신은 휴게소라 할 수 있는 오타비쇼御旅所에 머문다. 미코시神輿(마츠리나 제사 때 신을 태우고 가는 의미로 쓰이는 가마)는 신이 오타비쇼로 이동할 때 타는 것이다. 부정이 타지 않도록 깨끗하게 정화된 미코시에 신이 옮겨지고 신의 분령으로서 오타비쇼까지 이동한다. 7월 14일~16일에는 요이야마宵山(전야제)가 진행되고 17일에는 야마보코 순행으로 장관을 이룬다. 이는 7월 17일에 진행되는 신코사이神幸祭에 해당하며, 신의 내방을 환영하기 위한 퍼레이드로서 낮에 진행되는 야마보코 순행山鉾巡行, 前祭이라고 할 수 있다. 기온마츠리의 하이라이트는 바로 이 17일의 야마보코 행진으로, 거대한 야마보코가 교토 거리를 장엄하게 행진하는 모습은 압권이다.

신은 24일까지 오다비쇼에 머무는데, 인간이 사는 마을 속에 인간과 함께 있는 것이다. 24일 신이 다시 본연의 자리로 돌아가는데 그것을 위한 것이 간코사이還幸祭다. 이때 7일간 오타비쇼에 체재했던 신을 환송하기 위해 24일 낮에 하나카사 순행花傘巡行, 後祭 퍼레이드가 펼쳐진다.

미나미간논야마南観音山 행렬

기온마츠리의 상징이라 할 수 있는 것은 바로 야마보코이다. 32대의 야마보코 행렬 중 가장 앞에 서는 것은 높이 25m의 긴 창 모양을 한 나기나타보코長刀鉾이며, 맨 마지막은 미나미간논야마南観音山가 장식한다. 나머지 야마山와 호코鉾는 매년 제비뽑기를 통해 행렬 순서가 정해진다. 특히 사거리에서 수 톤에 달하는 수레를 방향 전환하는 장면은 가장 인상적인 볼거리로, 회전을 원하는 방향에 대나무를 깔고 물을 뿌린 뒤 모두가 힘을 합쳐 조금씩 수레를 돌리는 모습은 감동적이다.

24일 행렬이 끝나면 야마는 그날 밤 모두 해체되고, 호코 역시 다음날까지 완전히 철거된다. 마을 사람들은 이로써 1년간 이어진 마츠리를 마무리하고 일상으로 돌아간다.

야마보코를 보기 위해 각 지역뿐만 아니라 세계 각국에서 많은 사람들이 모여든다. 기온 마츠리의 가치는 전국의 야마보코가 등장하는 마츠리의 원조로, 다시山車(축제용 수레)가 출현하는 마츠리의 형태를 전국에 보급시킨 최고의 마츠리로 인정받고 있다.

도쿄 간다마츠리東京神田祭

도쿄 지요다구千代田区의 헌 책방가로 유명한 간다 지역 간다신사神田神社에서 매년 5월 15일을 중심으로 행해지는 미코시神輿 마츠리

다이코太鼓 페스티벌 공연

미코시神輿 행진

이다. 전체 기간은 1주일 정도로 핵심 퍼레이드는 그 기간 주말에 행해진다. 수백 개의 크고 작은 미코시 행진의 규모는 엄청나며, 주민뿐만 아니라 일반 기업도 참가하는 경우가 늘고 있다.

마츠리 핵심퍼레이드인 토요일에는 간다묘진神田明神을 모신 봉황장식의 고호우렌御鳳輦 미코시를 비롯하여 각 마을의 신을 모신 200여 채의 미코시 행렬이 행진한다. 간다신사를 시작으로 니혼바시日本橋, 오테마치大手町, 마루노우치丸の内, 아키하바라秋葉原를 경유해서 간다묘진이 신사로 돌아오는 약 30km 규모의 퍼레이드로 헤이안시대의 복장을 한 행렬, 다이코太鼓 페스티벌, 하야시囃子, 빈자사라びんざさら춤 등이 공연된다.

일요일에는 각 마을 신을 모신 미코시가 간다신사 경내로 차례차례 입장한다. 경내에서 마을을 순회하는 사람들과 함께 마츠리의 열기가 극에 달하며 신사에서는 덴카쿠田楽의 빈자사라춤과 사자춤 등이 연출되어, 그 광경은 장관을 이룬다.

간다 마츠리는 에도시대부터 산노마츠리山王祭와 더불어 호화롭기로 유명해 '천하天下마츠리'라고 불렸다. 이 마츠리는 도쿠가와 이에야스德川家康가 세키가하라関ヶ原 전투에서 승리한 것을 기념하여 벌인 축제가 그 기원이다. 산노마츠리가 무가武家의 마츠리인 데 반해 이 마츠리는 서민들의 마츠리로서 인기를 모았다. 현재도 이 마츠리

간다신사 본전神田神社本殿

의 주신인 간다신사의 간다묘진 神田明神이 도쿠가와德川 집안의 수호신이다.

원래는 9월 15일을 중심으로 매년 다시山車라는 호화로운 장식을 한 수레를 이용해서 성대하게 개최되었으나, 경제적인 문제로 1681년 이후 산노마츠리와 1년에 1번씩 교대로 행해졌다. 그것도 여의치 않아 개최되지 않는 해가 생겨났고, 현재는 미코시 행진의 소규모로 변천되었다. 이 때문에 일본 3대 마츠리에 산노마츠리를 떠올리는 사람도 있다.

이 마츠리의 시기는 1890년에 콜레라 전염병 유행 이후, 현재의 5월로 변경되었다. 예로부터 지금까지 서민들의 마츠리로 인기가 높은 간다마츠리는 예전에 비하면 소규모라고는 하나, 간다바야시神田 囃子(흥을 돋우기 위한 음악 반주)와 함께 200여 대의 크고 작은 미코시가 행진하는 모습은 여전히 장관을 이룬다.

오사카 덴진마츠리大阪天神祭

덴진마츠리는 일본의 3대 마츠리인 동시에 배 위에서 펼쳐지는 선상 마츠리로도 유명하다. 오사카 덴진天神을 모시고 있는 덴만구신사 天滿宮神社의 주체로 매년 7월 24일, 25일 양일간에 열리며, 헤이안시대 귀족이였던 스가와라미치자네菅原道眞의 진혼제가 기원으로 천년 이상의 역사를 가지고 있다.

덴진은 헤이안시대의 실존 인물인 스가와라미치자네菅原道眞가 죽어서 신이 된 다음 붙여진 이름으로 천둥과 번개를 관장하는 신이자 학문의 신으로서 많은 사람들의 신앙 대상이 되고 있다. 일본에서는 대학입시 시즌이 되면 수험생이나 그들의 부모가 덴만구신사天滿宮神社에 찾아와서 행운의 부적을 받고 합격을 기원하는 풍습이 있다.

덴진마츠리는 강이 많고 바닷가가 가까운 오사카의 지리적 특성과 관련이 깊으며, 각 지역의 수호신을 모신 가마를 메고 행렬하는 모습은 다른 지방에도 있는 광경이지만, 신을 모신 미코시神輿를 배에 옮겨 싣고 강물 위를 떠간다는 점이 특징이다.

24일 오가와大川에서 호코나가시신지鉾流神事(창과 도끼 구실을 하는 무기를 강에 띄어보내 가미호코가 도착한 곳에서 신을 맞아 제사를 지내는 것)를 시작으로 나무로 만든 가미호코를 든 신동神童과 참석자 약 300명의 행렬이 덴만구를 출발하여 제사장으

호코나가시신지鉾流神事

로 향한다. 부정을 제거하는 엄숙한 의식을 치르고 도지마가와堂島川에서 가미호코를 흘려보낸다. 이는 마츠리의 무사와 안전, 그리고 마을의 번영을 기원하며 마츠리의 개막을 알리는 전야제인 요이미야마츠리宵宮祭가 진행된다.

이날에는 10대 트럭을 두 그룹으로 나누어 복제 인형을 태우고 징과 북을 울리면서 오사카 시내를 퍼레이드하면서 마츠리 분위기를 한껏 북돋운다. 행사를 알리는 큰 북인 모요오시다이코催太鼓를 힘차게 울리면서 마츠리의 준비가 완료되었음을 알리고, 사자춤과 우산춤, 단지리 등의 순서로 신사에 들어간다.

25일에는 미치자네의 탄생을 축하하는 엄숙한 대제를 드리고 수호

신이 탄 가마 고호우렌御鳳輦에 덴만구 신령을 모신다. 오후 4시경 리쿠토교陸渡御가 개최되어, 행사를 알리는 큰 북催太鼓을 선두로 신의 행차가 시작된다. 먼저 화려한 의상을 입은 3천 명의 대 행렬이 구령과 함께 행진한다.

리쿠토교陸渡御　　　　　　　후나토교船渡御

오후 6시가 지나면 하이라이트인 후나토교船渡御가 시작된다. 신령을 모신 수호신을 탄 가마 고호우렌御鳳輦을 선박에 안치한다. 봉안 선박 그리고 여러 단체들의 선박들이 덴진바시天神橋를 출발하여 오가와大川로 향한다. 한편 신령을 맞이하기 위한 선박이 오가와까지 내려와, 강변에는 많은 불빛과 등불로 밝혀지고 수백 척의 배들이 오가와를 왕래하면서 클라이맥스를 맞이한다.

수호신을 모신 선박에의 장엄한 수상제水上祭가 시작되고, 다른 배에서는 전통예능이 상연되기도 하고 음악이 연주된다. 수호신을 모신 미코시를 실은 봉안선奉安船, 동행한 단체들의 선박, 신령을 맞이한 선박은 덴만구로 돌아온다. 덴만구에서는 간고사이還御祭가 행해짐으로 감동과 낭만이 넘친 이틀간의 마츠리가 막을 내리게 된다.

이와 같이 일본은 마츠리의 나라라고 불릴 만큼, 일상생활에서 마츠리를 통해 살아가는 것을 알 수 있었다. 지역을 대표하고 문화를 보존하는 전통적인 신성성을 계승하는 차원에서의 마츠리, 일상생활에서 해방되어 즐거움을 느낄 수 있는 놀이로서의 마츠리, 일본을 세계에 널리 알리고자 하는 관광적인 목적에서의 마츠리 등 그 범위와 내용은 다양하다. 일본인의 민족성이라고 볼 수 있지만, 늘 직접적인 내면의 표출을 하지 않고 간접적이거나 우회적으로 표현한다. 그러한 일본인들의 특징으로 보면, 마츠리야말로 그들의 새로운 세상이며 탈출구가 되어준다고 생각된다. 그만큼 자기 전통을 소중하게 여기고 계승 발전시키고자 하는 일본인들의 정신이 가득 담겨 있는 것을 알 수 있었다. 단순히 서양의 먹고 마시며 즐기는 축제와는 달리 일본의 마츠리는 그 기원과 지방의 특징을 잘 살려 관광의 자원으로까지 발전되어 왔다.

  일본 정부는 마츠리를 지속, 발전시키기 위해서 지원정책을 아끼지 않고 있다. 마츠리를 중요무형 민속문화재로 지정하여 보존과 전승을 도모하고 있으며, 지역전통예능 등을 활용한 행사에 의거한 관광 및 특정지역 상공업의 진흥에 관한 법률을 제정하여 마츠리에 관한 행사를 직·간접적으로 지원하고 있다.

제5장

일본의
전통예술문화

철학성이 풍부한 전위예술, 노能

노能와 교겐狂言은, 가부키歌舞伎, 분라쿠文樂와 더불어 일본의 전통적 무대예술 중의 하나이다. 노는 일본의 가장 오래된 전통 가면극이다. 성립 시기는 나라시대에 중국에서 전래된 산가쿠散樂가 원류로, 그것이 헤이안시대의 익살스러운 흉내내기

산기쿠도散樂図

등의 연기중심 예능인 사루가쿠猿樂가 되었다. 한편, 농작의 풍작을 기원하는 가무적 성격이 강한 덴가쿠田樂도 성행했다. 이들 사루가쿠와 덴가쿠는 서로 경쟁을 하는 과정에서 필요에 따라 상대의 공연양식을 도입, 보완하게 되었다. 무로마치시대에 흉내 내기 중에서 연기나 가무적인 것은 사루가쿠의 노로, 익살스러운 부분은 사루가쿠의 교겐으로 발전해서 현재의 노와 교겐에 이르게 되었다.

1374년 천재적인 배우인 간아미觀阿弥와 12세 아들인 제아미世阿弥가 출현한 사루가쿠노를 관람한 장군 아시카가 요시미츠足利義満가 간아미 부자의 후원자가 되어 권력자와 귀족계급의 지지를 받아, 노를 혁신적으로 발전시키는 계기가 되었다. 이후 제아미에 의해 노의 이념을 유현미幽玄美, 온화하고 서정적인 아름다움의 구현으로 보고

노能 공연 모습

노를 집대성하였다.

대표적인 저서로 『후시카덴風姿花伝』이라는 이론서를 남겼는데 오늘날 연극인에게 교훈이 되는 많은 내용을 담고 있다. 여기에서 노의 배우가 무대 위에서 추구해야 할 연기의 이상적인 경지를 하나花, 꽃에 비유하였다.

제아미는 노를 더욱 발전시켜 노 가운데 하나花라는 심미이론을 만들어 적용시켰는데, 꽃처럼 아름다운 것, 즉 하나花란 노에서 가장 매력적인 순간 혹은 노의 배우가 관객에게 주는 감동의 연기를 비유적으로 표현하였다. 여기에서 말하는 감동의 연기란 후시카덴 속에 '바위에 꽃이 핀 것 같다'라고 하는 한 구절이 있는데 이는 원래 귀신역이 능숙할 것으로 생각되는 사람이 귀신역을 아무리 잘 연기해도 소용없다는 뜻으로 단순한 아름다움이 아니라 예술의 감동이나 생명력으로 예술의 빛나는 순간을 의미하는 것이다. 어떠한 연기가 나올지 생각지도 못한 상태에서 그 순간이 아니면 볼 수 없는 최고의 연기를 펼치는 진귀함과 신선함을 중요시 한다.

노를 처음 텔레비전에서 접하는 사람은 '뭐야, 단지 어슬렁어슬렁 걷고 있는 것 아니야?'라고 말 할 것이다. 화면에서 배우만을 클로우

즈업해서 보면 누구나 그렇게 생각하는 것은 당연하다. 그러나 실제로 무대를 본다면 감상은 완전히 바뀔 것이다.

　노의 특징으로 주연배우는 가면을 쓰고 아주 느리게 움직이며 극도로 절제된 양식미를 추구하는 걸음걸이의 예술이다. 걷는 방법의 기본이 마루에 발뒤꿈치를 딱 붙이며 발을 끄는 듯이 걷는 것이다. 노의 춤은 처음에는 느리고 장중하며 절제되어 있고, 중간은 점차 빠르고 역동적이며, 마지막에는 가장 빠르고 강렬하지만 여운을 남기면서 마무리가 되는 '서序·파破·급急'의 리듬감을 특히 중시한다. 서에서는 조연인 와키脇가 중심이 되어 극의 도입부를 담당하는데, 보통 승려나 순례자 혹은 여행자의 모습으로 등장한다. 파에서는 희곡의 중심이 전개되며 사건의 정점으로 향한다. 주연인 시테仕手는 첫 노래를 부른 후, 서정적인 표현을 통해 자신이 등장한 이유를 밝히며 와키와 대화를 나눈다. 마지막 급은 공연의 종결 부분으로 시테가 와키와의 대화 속에서 앞서 암시된 실존 인물이 자신임을 드러내고, 마지막 춤으로 극을 마무리한다.

　가면을 사용한다는 것은 표정을 숨기고 모든 표정과 행동을 절제하는 것으로, 가면의 각도에 따라서 숙이면 침통비애 또는 궁리하는 모습으로, 상황에 따라서 가면을 조금 움직이는 것만으로 가지각색 표현 효과를 높이게 된다. 이와 같이 표현이 극도로 절제되어 있어서 텔레비전에서 슬쩍 들여다 본 것만으로는 단지 걷고 있는 것으로 생각하게 마련이다.

　가면을 쓰는 것은 시테, 그리고 시테즈레(주연과 동행하는 사람) 중 신, 도깨비 등의 초인적인 존재와 여성, 그 밖의 특수한 배역이 있고, 현실 속의 남성역인 와키는 절대 쓰지 않는다. 그리고 일반 연극과 다른 점은 가면을 쓰고 있지 않아도 얼굴표정으로 연기를 하고 있지

【연령별 여성 노멘】 　　　　　【노멘의 불가사의한 특징】

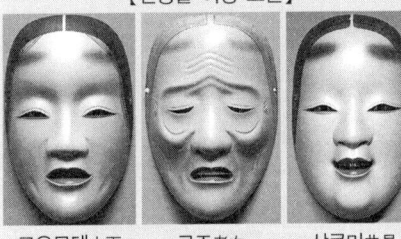
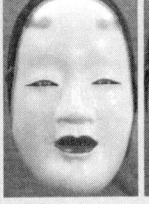
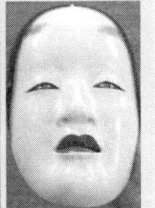

고오모테小面　로조老女　샤쿠미曲見　아래(슬픈 표정)　정면(무표정)　위(밝은 표정)

않는다는 점이 다른 연극과 다르다.

　노멘能面(가면) 종류는 약 60종류가 있는데 가장 젊은 여성을 나타내는 가면이 고오모테小面, 중년여성을 샤쿠미曲見, 백발의 노파를 상징하는 로조老女라고 하는 것처럼 제각기 이름이 붙여져 있다. 이 가면의 불가사의 한 점은 약간 위로 젖히면 웃는 것처럼 보이고, 약간 아래로 숙이면 슬픈 표정으로 바뀌는 등 미묘한 움직임에 표정이 바뀐다는 것이다. 슬픔을 표현하기 위해서는 노멘을 아래로 향하면 되는데 이는 아랫입술이 윗 입술보다 튀어나와 있어서 입을 다문 것처럼 보인다. 또한 눈은 눈꺼풀이 가려져 눈이 감긴 것처럼 보여져 표정이 어두운 슬픈 표정을 표현할 수 있다. 한편, 즐거운 표정을 짓기 위해서는 노멘을 위로 향하면 되는데 이는 입이 벌어지고, 뺨이 느슨해져 웃는 것처럼 보여 밝은 표정을 나타낼 수 있다. 이것이 노의 매력이 아닐까 하는 생각이 든다.

　노의 무대는 정면에 소나무 그림이 그려져 있는데 이것은 과거에 야외에서 공연했다는 것을 의미한다. 중앙부분에 배우들이 연기하는 본무대, 연주를 담당하는 하야시카타囃子方들의 자리인 아토자後座, 코러스를 담당하는 지우타이地謠들의 자리인 지우타이자地謠座, 준비실에서 무대로 등장할 때 통행하는 기다란 통로이자 무대의 일부인

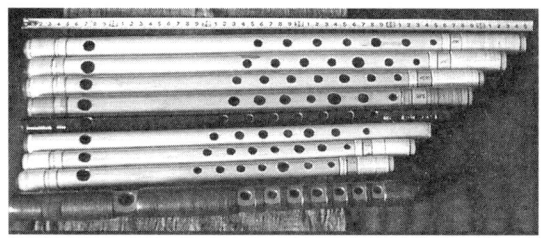
노캉能管

다이코太鼓　　　　오츠즈미大鼓와 고츠즈미小鼓

하시가카리橋掛 등이 있다. 연주자인 하야시카타는 4명으로 노캉能管, 고츠즈미小鼓, 오츠즈미大鼓, 다이코太鼓를 연주한다.

노의 작품을 구성면에서 보면 무겐노夢幻能(몽환노)와 겐자이노現在能(현재노)로 나뉜다. 제아미가 양식을 확립했다는 무겐노는 현실과 꿈, 현재와 과거가 동시에 전개되어, 와키脇(조연: 나그네, 승려)의 꿈에 초인간적인 시테仕手(주인공: 신, 귀신)의 모습이 나타나는 이야기의 형식을 갖추고, 겐자이노는 현실의 인간세계를 다룬 것이다.

또한, 작품 주제에 따라서 크게 다섯 종류로 나누는데 이것은 에도시대에 하루에 공연하는 노의 순서를 순서대로 정한 것이다. 주인공에 따라서 신이 등장하는 와키노脇物, 수라도(불교용어로 사후세계에서 신을 거역하고 전쟁을 벌인 무사들이 가게 되는 곳)로 떨어져 고통을 받는 슈라모노修羅物, 아름다운 여성을 주인공으로 하는 가츠라모노鬘物, 남녀 주인공이 겪는 인간사를 내용으로 하는 사랑·질투·복수 등의

노가쿠도能楽堂

잡다한 이야기인 자츠모노雜物, 산속에 살고 있는 괴물이나 요괴 등의 초현실적인 존재가 주인공으로 등장하는 기리노切能가 있다.

세 번째에 공연되는 가츠라모노를 노 중의 노라고 하는데 대표적인 작품으로 하고로모羽衣가 있다. 하고로모는 선녀가 입은 옷을 말하는데 우리나라의 선녀와 나무꾼과 비슷한 이야기이다.

자츠모노의 대표적인 작품으로 도성사道成寺이야기가 있는데 이것은 비극적인 짝사랑 이야기를 다루고 있다.

오늘날 노가쿠도能楽堂(노 전용극장)에서 노를 공연할 때에는 대개 두 시간 안에 마칠 수 있도록 곡목을 짜서 모두 상연하지 않고, 이 순서대로 몇 개만 하는 경우가 많다.

지금까지 본 것과 같이 노는 동작도 느리고 고어를 사용하기 때문에 지루한 감이 있다. 게다가 노의 진정한 아름다움인 유현미를 알지 못한다면 이해하기 힘든 예술이 아닌가 하는 생각이 든다.

유쾌하고 서민적인 교겐狂言

교겐狂言과 노는 떼려야 뗄 수 없는 형제와 같은 관계에 있는 예능으로 노와 노 사이에 상연되는 희극적 대사극을 말한다.

교겐은 초등학생이라도 이해할 수 있는 유쾌함이라고 말할 정도로 이해하기 쉬운 고전예능이다. 앞의 노 부분에서도 언급한 바와 같이, 노와 같은 사루가쿠에서 왔기 때문에 교겐의 역사도 오래되었다.

사루가쿠猿楽

사루가쿠가 사루가쿠 노로 발전했던 시점에는 즉흥적인 우스꽝스러운 요소를 충분히 가지고 있었겠지만, 무로마치시대室町時代에 간아미 제아미 부자가 노래와 무용의 요소를 더해서 노를 집대성하여 노에서 배제된 우스운 느낌의 부분은 교겐이라는 대사극으로 발전하게 되었다.

교겐狂言 공연 장면

메이지시대明治時代 이전에는 사루가쿠 노, 사루가쿠 교겐이라고 불린 것을 봐도 알 수 있는 바와 같이 이 둘은 함께 형제같이 발전해 왔다.

주인공과 소재 측면에서 노는 귀족, 무사, 귀신을 주인공으로 하여 신화, 역사적인 이야기 등을 소재로 취하므로 장중하고 환상적인 내용을 가지며, 교겐은 배우가 가면을 쓰지 않고, 서민의 일상생활에서 소재를 찾았으며, 내용은 서민들을 대상으로 권력자의 모습을 풍자하고 해학으로 삼는다. 노의 대사는 고어인 문어체로 되어 있어 관객이 이해하기 어려운 데 반해, 교겐은 무로마치시대부터 에도시대 초반까지의 회화체로, 현재와 거의 같기 때문에 해설 없이도 대부분 이해 할 수 있어서 초등학생도 만끽할 수 있을 정도이다. 교겐은 웃음을 목적으로 하는 것으로 젊은이들한테도 인기가 있음은 말할 것도 없다.

공연 시 노는 보통 2시간이 넘고, 하루에 5종목의 노를 순서대로 진행하는데 교겐은 30분 전후로 노와 노 사이에 공연한다.

교겐은 노와 더불어 발전된 연극으로, 본래는 노와 같은 무대에서 교대로 공연되지만, 오늘날에는 교겐만 단독으로 공연하는 추세이다.

세계 유일한 어른을 위한 인형극, 분라쿠文楽

인형극이라는 것은 세계 여기저기에 존재하지만, 그 중에서도 어른들을 위해 만들어진 인형극은 분라쿠 정도가 아닐까 생각된다.

분라쿠의 정식명칭은 닌교조루리人形浄瑠璃로 인형을 조루리(비파 등의 악기에 맞춰 읊는 옛 이야기)에 맞추어 놀린다는 뜻이다. 그 전까지는 조루리만을 감상하던 것을 인형과 샤미센三味線을 하나로 한 종합 예술이다.

조루리는 17세기 다케모토 기다유竹本義太夫의 등장으로 크게 변했으며, 지카마츠 몬자에몬近松門左衛門의 협력으로 수많은 걸작이 나오게 된다. 다케모토는 조루리의 유파인 기다유부시義太夫節를 확립하고, 지카마츠는 봉건사회의 중세적 색채에서 벗어나 근세서민을 위한 작품을 썼다. 대표작으로 〈소네자키신주曽根崎心中〉 등의 명작이 유명하다.

분라쿠文楽 공연 모습

지카마츠가 사후, 여러 명의 작가에 의한 합작이 이루어져, 제각기 담당부분만을 고안했기 때문에 구성은 복잡해져 인형 하나를 세 명이 조정하는 산닌즈카이三人遣い가 완성되었다. 이 시기에 〈가나데혼추신구라仮名手本忠臣蔵〉, 〈요시츠네센본자쿠라義経千本桜〉, 〈스가와라덴주테나라이카가미菅原伝授手習鑑〉라는 3대 명작이 나왔고 닌교조루리의 황금시대를 맞이했다. 이 작품들은 닌교조루리의 유행에 압도당한 가부키에도 영향을 주어, 그대로 가부키화해서 가부키의 명작이 되기도 했다.

다유太夫와 샤미센히키三味線弾き

오늘날 분라쿠라는 명칭으로 일반화 된 닌교조루리는 19세기 조루리의 명인인 우에무라 분라쿠켄上村文楽軒에 의해 크게 부흥하자 그의 문하생들이 스승의 이름을 따서 분라쿠좌라는 인형극 극장을 개설, 이것이 많은 인기를 얻자 분라쿠라 부르게 되었다.

분라쿠의 구성요소를 보면 인형의 대사에서 심리묘사와 지문까지 혼자서 읽는 다유太夫, 샤미센三味線으로 다유의 노래 반주와 배경음악을 연주하는 샤미센히키三味線き와, 인형과 인형을 조정하는 인형조정자로 이루어진다.

분라쿠의 특징인 산닌즈카이는 혼자서 인형 하나를 조종하는 다른 인형극과 비교된다. 이것은 사람 세 명이 조종하는 산닌즈카이는 인형 동작의 교묘함이 또한 특징이다. 산닌즈카이는 오모즈카이主使い, 히다리즈카이左使い, 아시즈카이足使い로 나뉘는데, 오모즈카이는 인형의 얼굴과 손을, 히다리즈카이는 왼손을, 아시즈카이는 양 다리를 조종하는 방식으로 세 명이 하나의 인형을 조종하는 것으로, 마치 인간에 가까운 표정을 나타낼 수 있다.

세 명의 조종자는 검은 옷과 검은 두건을 쓰고 인형을 조정하는데, 이것은 관객들이 인형에 집중할 수 있도록 구로고黑衣복장을 하는 것이다. 이 구로고 복장은 있지만 없음을 상징하는 것이다. 때때로 중요한 장면에서는 오모즈카이에 한해서 기모노着物에 하카마袴를 입고 조종하는 경우가 있는데, 이것은 일류 인형조종자의 얼굴을 보고 싶어 하는 관객들의 요구에 응하기 위해서이다.

인형은 분라쿠에서 가시라首라고 하는 인형의 머리 부분을 말하는데, 현재 약 40종류, 300여 점의 가시라가 사용되고 있다. 같은 인형이라도 머리모양과 얼굴에 칠하는 색 등으로 세세하게 분리되어 있다.

가시라首

분시치文七   후케오야마老女形   가부がぶ

배역 신분에 따라 사용되는 가면이 정해져 있는 노처럼, 이 인형은 제각각 정해진 성격과 역할을 나타내고 있다. 예를 들면, 남자 인형 가시라의 대표인 분시치文七, 입을 개폐할 수 있는 장치를 단 구치아키분시치口開文七, 미남배우인 겐타源太 등이 있다. 여자 인형 가시라는 연령에 따라 무스메娘, 후케오야마老女形로 구분되며, 또한 아름다운 여자의 얼굴이 한순간에 입이 귀까지 벌어지게 되고, 이마에서 뿔이 나오는 장치를 한 가부がぶ 등이 있다.

후나조코船底와 데스리手摺

분라쿠의 무대는 사람이 하는 연극과는 다르게 특수한 무대구조를 가지고 있다. 인형조종자 허리높이의 난간인 데스리手摺는 인형이 서는 지면으로, 그 보다 한단 아래인 후나조코船底는 인형조종자의 모습을 가능한 숨기면서 인형이 안정되게 보이도록 고안 되어있다.

분라쿠에서는 굵은 대 샤미센을 사용하는데 소리도 크고 폭이 넓으며 음색도 호쾌하여 마음속까지 스며드는 슬픔을 표현, 조루리의 내용과 잘 맞는 음악을 연출할 수 있다.

다유太夫는 재담에 해당하는 대사를 처리하는 연희자로 등장하는데 대본을 앞에 두고 이야기하지만, 혼자서 모든 상황과 등장인물의 전부를 이야기하는 어려움은 보통이 아니다. 대사뿐 아니라, 풍경이며 기상상황까지 설명해야 한다.

분라쿠를 주제와 내용에 따라서 구분해보면 시대물時代物과 세화물世話物로 나뉜다. 시대물로는 나라, 헤이안, 가마쿠라, 무로마치시대를 배경으로 귀족과 무사들 사이에서 일어난 사건을 다룬 것이다. 대표작으로 〈가나데혼추신구라仮名手本忠臣蔵〉, 〈요시츠네센본자쿠라義経千本桜〉

가나데혼추신구라仮名手本忠臣蔵

등이 있다. 세화물로는 서민들의 애욕지정이라든가 의리에 얽힌 세속사회를 묘사한 것으로 대표작이 〈소네자키신주曽根崎心中〉를 비롯해 〈신주텐노아미지마心中天網島〉 등의 작품이 있다.

유형을 알면 더욱 재미있는 예술, 가부키歌舞伎

 가부키歌舞伎는 글자 그대로 노래歌와 춤舞과 연기伎가 어우러진 종합예술로 17세기부터 활성화 된 일본의 대표적인 서민 연극이다. 서민의 애환을 담아온 가부키는 오늘날에도 많은 사람들에게 매료되어 노나 분라쿠보다는 인기가 많다.

무사복을 입은 오쿠니阿国

초기의 가부키는 1603년 이즈모出雲 지방출신의 무녀인 오쿠니阿国가 교토에서 관능적인 염불춤을 추기 시작한 것이 시조다. 이것이 인기를 얻자 오쿠니를 본 뜬 극단이 성황을 이뤄 온나가부키女歌舞伎가 생겼다. 그러나 가부키의 성행과 더불어 여성들의 매춘, 풍기문란 등으로 막부가 금지하게 된다. 그래서 여자 대신 미소년이 춤을 추었는데 이것을 와카슈가부키若衆歌舞伎라고 한다. 하지만 이것도 풍기문란 사건이 끊이지 않자 1629년 가부키 금지령이 내려졌다. 그 후 당분간 가부키는 사회에서 볼 수 없었으나, 가부키 애호가들의 요청에 의해 1653년 앞머리를 자른 남자가 여자대신 연기를 하는 야로가부키野郎歌舞伎가 재탄생 하게 되면서 연극적인 요소가 강하게 되었다. 이후에도 막부에 의한 규제는 변함없이 엄했지만, 서민의 지지를 얻어서 발전해왔다. 한편 여자배우 출

가부키극장歌舞伎座

현이 금지되는 등의 이러한 규제가, 여자역을 남자배우가 대신하는 온나가타女形라는 배우를 등장시키게 되었다.

17세기 말 가부키는 두 부류로 나뉘는데 에도에서는 용맹스럽고 호쾌한 이치가와단주로市川団十郎를 주인공으로, 교토에서는 연애와 정사를 주제로 한 사카타토주로坂田藤十郎가 대조적인 배우로 등장하여, 각각의 연기양식인 아라고토荒事와 와고토和事가 지금까지 전해진다.

가부키를 창작과정에 따라서 분류해 보면 분라쿠 대본을 가부키용으로 바꾼 마루혼 가부키, 처음부터 가부키를 위해서 새로 쓴 순가부키, 줄거리의 전개보다 배우의 무용에 중점을 둔 쇼사고토所作事(무용극)가 있다. 그리고 주제에 따라서 구분해 보면, 역사극을 주로 한 중세, 귀족 또는 무사가 주인공인 시대물과 에도시대 서민들의 사랑, 질투, 인정, 의리 등을 소재로 한 작품들을 다룬 세화물이 있다. 대표적인 시대물로 분라쿠 대본을 가부키용으로 바꾼 〈가나데혼추신구라仮名手本忠臣蔵〉, 〈요시츠네센본자쿠라義経千本桜〉, 〈스가와라덴주테나라이카가미菅原伝授手習鑑〉 이외에 〈간진초勧進帳〉 등 많은 작품들

가부키歌舞伎 무대 장치

이 있다. 세화물로는, 〈소네자키신주曾根崎心中〉를 비롯해 〈신주텐노아미지마心中天網島〉 등의 작품이 있다.

가부키의 무대의 특징은 회전무대, 하나미치花道이다. 회전무대는 무대의 가운데 위치해 회전하도록 되어있는데 이것은 막의 전환에 쓰이는 시간의 절약과 장면의 전환까지도 관객이 감상할 수 있다는 예술적인 효과도 가지고 있다. 객석과 객석 사이에 있는 하나미치는 배우들의 등·퇴장 하는 것을 가까이서 볼 수가 있어 관객들의 즐거움을 준다.

가부키는 배우의 역할에 따라서 특징을 표현하는 것이 또렷하기 때문에 약간의 지식이 있어 패턴을 알면 재미가 한층 더해진다. 배우의 얼굴화장, 의상, 가발 등의 외모나 무대장치는 거의 패턴화 되어 있어 얼굴이나 의복만 보는 것만으로 배우의 성격을 예측할 수가 있

다. 예를 들어 남성의 시로누리白塗り는 대체로 선인이나 미남을 나타낸다. 그 위에 붉게 구마도리隈取를 한다면 아라고토의 강렬하고 혈기 왕성한 사람을 나타낸다. 스케일이 큰 악역을 맡으면 하얀 얼굴에 푸른색을 칠한다. 단순한 악역은 전신을 새빨갛게 칠하고, 보통 사람은 살색으로 사실적으로 표현한다.

구마도리隈取

또한, 연기방식으로 배우의 연기가 절정에 달했을 때 그 감정을 관객에게 강하게 전달하기 위해 순간적으로 동작을 멈추고 노려보는 등, 눈에 띄는 표정이나 자세를 취해 멋진 대목을 천천히 음미하라는 미에見得라는 연출법은 가부키의 특징 중 하나이다.

가부키歌舞伎 공연

가부키는 무용극으로 현재의 뮤지컬과 비슷하다. 분라쿠와 마찬가지로 샤미센 악기에 맞추어 대사나 동작을 연기하게 된다. 무대 정면에 높은 단에는 나가우타長唄가, 그 아래에는 하야시가타囃子方가 연주를 하며, 무대 오른쪽에는 샤미센 연주자와 다유太夫가 앉는다. 이때 다유는 극의 배경이나 인물의 행동, 심리 등 배우의 대사 이외의 설명을 담당한다.

※ **습명襲名**

가부키의 세계에서 무명청년이 하루아침에 스타가 되는 일은 없음. 배우의 가업은 세습제로 이어지기 때문에 가부키 배우들은 어려서부터 오랜 수련기간을 통해서 탄생됨. 이들은 철저한 연기 훈련 끝에 스승이나 조부 등에게 이름을 이어받는데 이를 습명이라 함. 이때는 이름만 물려받는 것이 아니라 연기방식이랑 팬 그룹도 물려받게 됨.

포장지에서 출발한 자포니즘, 우키요에浮世絵

우키요에浮世絵 티코스터

우리가 일본여행이라도 가게 되면 흔하게 보는 부채, 달력, 작은 작은 술잔, 티코스터 등의 기념품이나 일본 전통음식점에 걸려있는 그림을 통해서 우키요에를 자주 접하게 된다. 화려한 일본 전통의상을 입은 여인이나 약간은 외설적인 한 남녀 간의 은밀한 사랑, 후지산 그림 등을 흔히 볼 수 있다.

우키요에는 서양 미술계 거장인 빈센트 반 고흐Vincent van Gogh, 클로드 모네Claude Monet, 에드가 드가Edgar Degas 등의 작품 활동에 많은 영향을 주었으며, 서양에 자포니즘 붐을 일으킨 것으로 일본 미술사에서 대단한 가치로 평가를 받는다.

우키요에 어원부터 역사적 배경과 발전 과정을 보고자 한다.

우키요浮世란 헤이안平安시대 초기 고통받고 힘듦을 의미하는 우憂き에 세世가 붙은 우키요憂き世가 어원이다. '우키요憂き世'는 중세 전기 전국시대의 계속되는 전란으로 비참한 생활을 하던 서민들이 불교의 염세 사상에 따라 현세를 덧없는 세상, 즉 '쓰라린 세상'으로 여긴 것에서 유래되었다.

중세 말기에 신흥 무가 계급으로 지배권이 옮겨가면서 우키요浮世

의 의미가 변화하여 현세가 순간일 뿐이라는 사고가 팽배해지고 향락을 추구하는 풍조가 퍼지면서 '우키요浮世'는 긍정적인 현세관을 담는 의미로 바뀌었다. 즉, '마음이 들뜨는 모양'을 뜻하는 '우키우키浮き浮き'와 결합하여 덧없는 세상을 긍정적으로 즐기는 현세관을 의미하게 된 것이다.

무로마치室町시대부터 에도江戶시대 말기에 이르기까지 서민 생활을 기반으로 제작된 회화 양식의 한 종류로 다양한 풍속, 가부키 배우, 유녀, 스모 선수 등 당시 화제의 인물들을 주로 묘사했다. 우키요에 작품은 크게 육필화肉筆画(붓으로 직접 그린 그림)와 목판화木版画(인쇄물)로 나뉘는데 당초에는 판화가 아닌 육필화 뿐이었다. 이후 17세기 후반인 에도시대 초기에 성립된 회화의 한 장르로서 판본의 삽화가 주를 이루었으며, 히시카와 모로노부菱川師宣에 의한 단색 목판화 스미즈리에墨摺絵가 인기를 얻었는데 이것이 우키요에의 시조로 불린다.

우키요에의 발달 과정으로 17세기 에도江戶시대에 들어서면서 서민들의 유흥거리와 오락 문화를 위한 그림으로 발전하였다. 서민들에게 널리 보급된 배경에는 대량 생산이 가능한 니시키에錦絵라는 다색목판화 형식이 되면서부터이다. 그 당시 대부분의 우키요에는 메밀국수 한 그릇 값과 비슷할 정도로 저렴하여 서민들도 쉽게 구매할 수 있었다. 이 점이 귀족의 전유물이 아니라 일반서민층에게 널리 향유할 수 있었던 것이다.

에도시대 초기에 히시카와 모로노부菱川師宣가 풍속화 및 생활상, 자연 풍경을 사실적으로 묘사한 작품들을 그림으로써 본격적인 우키요에 양식이 확립되었다.

우키요에의 주요 소재는 다이묘나 무사 계급이 아닌 서민 계급의 풍속이었다. 초기에는 가부키나 유곽 등 향락적인 환락의 세계가 대상이었으며, 많은 야쿠샤에役者絵(배우 그림)와 미인도美人画가 그려졌다. 이후에는 무사도武者絵(무사 그림)나 풍경화 등 다양한 소재로 확장되었다. 그러나 에도막부는 체제 보전을 위해 정치 비판적 언동에 극도로 민감했으므로, 쇼군가将軍家를 대상으로 그리는 것은 철저히 금지시켰다.

〈大谷鬼次の奴江戸兵衛〉
도슈사이 샤라쿠 작품

야쿠샤에役者絵는 가부키 등 인기 배우를 그린 그림으로 주로 배우들이 맡은 역할을 그렸으며, 현재의 연예인 브로마이드나 극의 광고 전단 역할을 했다. 대표적인 화가인 도슈사이 샤라쿠東洲斎写楽는 가부키 공연의 등장 배우와 당시 스모 선수의 모습을 소재로 우키요에를 집중적으로 제작하여 얼굴 모양을 대담하게 재구성하여 과장되었지만 심리 묘사가 뛰어난 작품을 남겼다.

미인도美人画는 당시의 이상적인 여성상을 형상화한 그림으로 에도의 남성들에게 인기가 있었던 여성들, 특히 유곽의 기녀나 게이샤가 가장 빈번하게 소재가 되었고, 여행지의 찻집 여성이나 소문난 지역 미인도 소재로 사용되었다.

대표적인 화가 스즈키 하루노부鈴木春信는 니시키에錦絵(다색판화)의 창시자로 청순가련한 소녀와 같은 여인의 미인화, 청춘남녀의 로맨틱한 사랑, 일상생활의 따뜻한 정경을 담은 작품을 제작했다.

기타가와 우타마로喜多川歌麿는 전성기에 유녀나 찻집 여인 등 실제 미녀를 모델로 수많은 여성을 그려 미인화에 독보적이었다. 여인의 표정에서 미세한 변화를 포착하여 그렸으며, 미인화 시리즈를 발표하기도 했다. 대표작인 〈寛政三美人〉은 에도시대 당시 인기있는

〈寬政三美人〉 〈神奈川沖浪裏〉
기타가와 우타마로 작품 가츠시카 호쿠사이 작품

미녀 3인이다.

　풍경화風景画는 자연 풍경을 우키요에에 그린 것으로, 서민의 생활이 풍요로워져 여행을 즐길 여유가 생기면서 발달했다. 주로 서민들이 동경하는 전국의 명소를 연작물로 제작하여 여행 팜플렛과 같은 역할을 했다. 특정 장소의 풍경과 그곳 사람들의 삶을 그린 '명소 그림'과 여행 중의 경관이나 풍속을 그린 '도중 그림'으로 나뉜다.

　풍경화의 대가로는 가츠시카 호쿠사이葛飾北斎와 우타가와 히로시게歌川広重를 들 수 있다. 가츠시카 호쿠사이는 풍경 판화 역사에 정점을 이룬 화가로, 주요 작품은 연작 판화 〈후가쿠 36경富嶽三十六景〉이다. 이는 후지산을 배경으로 하는 36경으로 46점의 작품이 있다. 이 중 〈가나가와 해변의 높은 파도 아래神奈川沖浪裏〉는 대표작으로 서양, 중국, 일본의 영향을 절충하여 자신만의 우키요에 양식 그림을 발전시켰으며, 〈호쿠사이 만화北斎漫画〉를 제작하기도 했다.

　우타가와 히로시게歌川広重의 대표작으로는 에도에서 교토에 이르는 길의 풍경화를 그린 연작 〈도카이도 53차東海道五十三次〉로 기록적인 판매 부수를 기록하며 큰 성공을 거두었으며, 계절, 날씨, 시간 등 자연의 모습을 다양하게 변화하는 풍경화를 그렸다. 특히 〈오하

시 아타케의 소나기大はしあたけの夕立〉는 히로시게의 대표작 중 하나이다.

화조화花鳥画는 사계절의 초목과 새를 중심으로 벌레, 육지 동물, 물고기 등 일상생활과 밀접한 동식물을 소재로 한 그림으로 계절별로 대표적인 꽃과 새들이 묘사되어 봄에는 모란과 꾀꼬리, 여름에는 버드나무와 백로가 등장하였다.

무사화武者絵는 일본과 중국 역사에 등장하는 유명한 무사의 활약이나 전쟁의 광경을 그린 작품이다.

스모에相撲絵는 스모 선수, 즉 리키시力士를 그린 우키요에로 리키시들이 도효土俵(씨름판) 위에서 대전하는 모습, 홀로 서 있는 모습, 연습장이나 합숙소 내부 모습, 기모노를 입고 일상생활을 하는 모습 등이 소재가 되었다.

희화戯画는 골계와 풍자를 목적으로 그린 그림으로 주변 동물을 의인화하거나 여러 사물이나 사람을 합쳐서 하나의 얼굴로 만드는 특이한 발상의 작품들이 있다.

우키요에가 처음 서양에 건너가게 된 계기는 1850년대 후반 일본이 개항하면서 일본 도자기나 비단 등이 수출할 때 포장지로 사용된 우키요에 인쇄물이었다. 유럽인들이 포장을 풀다가 그 화려한 색감과 독특한 구조에 매료되어 자포니즘Japonism이 시작되었다. 이는 1867년 파리 만국박람회에 공식 출품을 계기로 널리 알려지면서 자포니즘이 확산되어 결정적으로 유럽 미술에 큰 영향을 미치게 되었다. 클로드 모네Claude Monet, 에드가 드가Edgar Degas, 빈센트 반 고흐 Vincent van Gogh 등 많은 서양 화가들이 우키요에의 양식과 화법을 수용하여 자신들의 작품 세계에 반영했다.

〈大はしあたけの夕立〉　　〈雨の大橋、広重作品模写〉
우타가와 히로시게 작품　　빈센트 반고흐 작품

왼쪽의 1857년 우타가와 히로시게 작품을 1887년에 빈센트 반 고흐가 모사해서 그린 작품이다.

〈タンギー爺さん〉　　〈ラ·ジャポネーズ〉
빈센트 반 고흐 작품　　클로드 모네 작품

우키요에의 배경이 없고 명암이 적으며 검은색과 붉은색을 대비한 강렬한 색채 등의 특징이 서양의 사실적인 묘사에 함께 반영되었다.

빈센트 반 고흐의 〈탕기 영감의 초상タンギ―爺さん〉의 배경에 우키요에를 그려 넣었고, 클로드 모네는 1876년 〈일본식 여인ラ・ジャポネーズ〉에 자신의 부인을 모델로 그린, 기모노를 입은 카미유에서 자포니즘의 영향을 찾아볼 수 있다.

사무라이 정신이 깃든 스모相撲

스모는 일본의 국기国技이며 2000년의 역사를 갖는 격투기로서 그 유래는 몽고 씨름과 우리나라 씨름에서 찾아볼 수 있다. 스모는 한자로는 상박相撲또는 각력角力으로 표시하고, 일본어로 스모すもう라고 읽는다. 고대의 이미지를 연상시키는 화려한 '게쇼마와시化粧回し'라 불리는 샅바와 '오이초大銀杏'라고 불리는 독특한 머리 모양과 함께 스모는 '도효土俵'와 순위 제도 등의 전통적 관습을 따르고 있으며 고대 종교에서 사용했던 소금을 사용한 정화 의식 등 신도의 종교적 의식과 결합되었다.

스모 경기장

시코부미四股踏み　　　지카라 미즈力水　　　기요메노 시오清めの塩　　교지行司와 군바이軍配

　두 스모 선수인 리키시力士가 경기에 들어가기 전에 좌우로 발을 교대로 올렸다 내렸다하는 시코부미四股踏み라는 의식을 치른다. 그리고 물(지카라 미즈力水)로 입을 헹구고 나서 종이(지카라 가미力紙)로 몸을 닦고, 깨끗한 소금(기요메노 시오清めの塩)을 씨름판 위에 뿌린다. 두 리키시는 교지行司라는 심판의 지시에 따라서 서로 마주 보고 양손을 씨름판 바닥에 댄 자세로 부딪치며 뒤엉켜 싸운다(다치아이立合い). 스모의 승부기술인 기마리테抉手는 70가지가 있으며, 서로 맞잡고 넘어뜨리거나 지름 4.6m의 원형 경기장 도효土俵 밖으로 밀어내어 단판승부로 결정한다. 상금은 교지行司가 군바이軍配라는 부채 위에 얹어서 승자에게 건넨다.
　스모계는 요코즈나橫綱를 정점으로 실력에 따른 총 10단계의 피라미드형 계급 구조이다. 내림차순으로 '요코즈나橫綱', '오제키大関', '세키와케関脇', 고무스비小結가 있고, '요코즈나橫綱'는 스모의 영구적인 순위로서, 결과가 좋지 않은 시합으로 인해서 강등되지는 않지만 그들의 지위가 요구하는 기준에 맞지 않게 되면 은퇴해야 한다. 고무스비小結 밑으로 마에가시라前頭, 주료十両, 마쿠시타幕下, 산단메三段目, 조니단序二段, 조노쿠치序の口 순으로 이루어져 있으며, 이 중 오제키大関, 세키

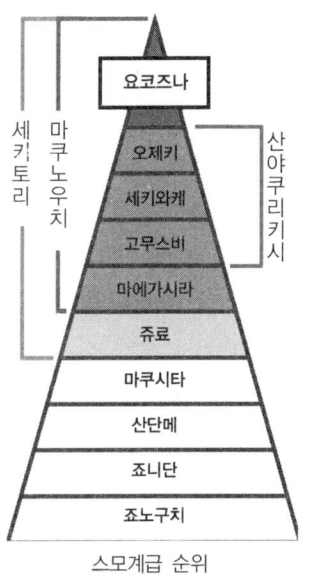

스모계급 순위

도효마츠리土俵祭

와케関脇, 고무스비小結를 특별히 산야쿠리키시三役力士라 부르고, 마에가시라前頭 이상을 마쿠노우치리키시幕内力士라 부른다. 주료 이상의 리키시力士인 세키토리関取가 되지 않고서는 오이초大銀杏라 하는 무사의 머리 모양을 못 할 뿐만 아니라, 거의 정식 급료조차 받을 수 없다. 즉, 계급에 따라 복장이나 식사 등 그 대우가 달라진다.

일본 스모협회의 주관으로 15일간의 그랜드 스모 대회인 혼바쇼本場所가 매년 6회씩 개최되는데 1월, 5월, 9월에 도쿄東京에서 열리는 하츠바쇼初場所, 나츠바쇼夏場所, 아키바쇼秋場所, 3월에 오사카大阪에서 열리는 하루바쇼春場所, 7월에 나고야名古屋에서 열리는 나고야바쇼名古屋場所, 11월에 후쿠오카福岡에서 열리는 규슈바쇼九州場所가 있다. 혼바쇼本場所가 시작되기 전날에 심판인 교지行司의 주관으로 도효마츠리土俵祭라 불리는 종교적 의식을 행하는데, 도효土俵 중앙에 구멍을 파서 씻은 쌀이나 말린 밤, 다시마, 오징어, 소금 같은 길조를 빌기 위한 물건을 묻고, 술과 소금으로 부정을 씻는다.

매 대회가 끝나면 경기 결과에 따라 리키시力士들의 순위를 새로

정해서 반즈케番付라는 순위표를 만
들어 공표한다.

이러한 현대 스모의 모습은 헤이안
시대平安時代, 가마쿠라시대鎌倉時代,
에도막부시대江戸幕府時代, 다이쇼시
대大正時代를 거치면서 권력의 중심
에 따라 또는 시대적 요구에 따라 스
모의 성격이 변천되어 왔다. 고사기古
事記의 신화에 다케미카즈치신建御雷
神과 다케미나카타신建御名方神이 시

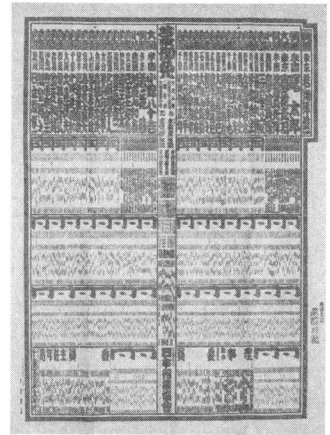

반즈케番付

마네島根지방에서 힘겨루기를 하였다는 국토헌상신화国土獻上神話로
서 스모의 형태가 나타나며, 일본서기日本書紀에 의하면 642년에 백제
에서 온 사신을 환대하기 위하여 스모를 하게 했다는 기록이 전해지고
있다.

신사神社에서 행해지던 초기의 스모를 무라스모村相撲라 하며, 그
해의 1년을 점치기 위한 것으로, 또한 농작물의 수확을 점치는 신성
한 의식으로 행해졌다. 헤이안시대平安時代에는 천황가의 종교의식
으로서 세치에스모節會相撲라 불리며, 천황의 중앙권력을 강화하고
확인시킬 목적으로 행해진 일종의 정치적 의식의 성격이 강한 행사
였다. 천왕이 실권을 잃고 무사가 정권을 잡게 되는 가마쿠라시대鎌
倉時代 이후에 부케스모武家相撲라 하여, 병사들의 신체단련을 위한
무술로서 쇼군將軍에 의해 장려되었다. 이 시기에 현대의 스모 경기
진행과 관련된 세부적인 씨름판과 같은 도효土俵의 형태, 심판관인
교지行司의 등장, 밀어내기와 쓰러뜨리기의 승패판정의 2대 원칙 등
현대 스모 경기 방식의 기본이 확립되었다. 에도막부시대江戸幕府時代

에는 단절된 스모의 종교적 성격이 강한 세치에스모節會相撲가 신사神社나 절의 건립이나 수리에 필요한 자금을 염출하기 위하여 여는 행사인 간진勸進이란 말에서 유래된 간진스모勸進相撲의 모습으로 전승된다. 종교 행사로 시작되었지만, 에도시대 후기에 이르면서 스모의 대중화 및 상업화가 빠르게 이루어졌다. 현재 매년 6차례 정기적으로 열리고 있는 혼바쇼本場所 대회의 오즈모大相撲 형식은 간진스모勸進相撲의 양식을 이어 받은 것으로 엔터테인먼트, 스포츠의 형태의 현대 프로 스모의 모습의 근간이 되었다. 메이지 유신(1868) 이후 근대 스모라 불리는 시기는 세치에스모節會相撲의 완전한 부활이라 할 수 있겠다. 문명개화를 목표로 한 서구적인 사고가 지배하면서, 스모를 비천하게 여기는 인식이 확산되어 위기를 맞기도 하였으나, 청·일 전쟁 이후 민족의식 자각의 목소리가 높아지며, 민족적 우월감 속에서 전통문화에 대한 재인식이 이루어진다. 일본 내의 국수주의와 천황가의 뒷받침으로 스모의 종교적 의미가 강화되며 현대까지 이어져 전통문화의 한 전형으로서 각광을 받게 된다.

일본의 스모는 단순히 스포츠로만이 아니고 농업생활의 길흉을 점치고 신의 마음을 여쭙는 행사로서 종교적 의식으로 봉사하는 일본 문화 고유의 신앙과 미의식을 표현하는 전통예술이라고 할 수 있다.

스모의 최근 현황을 보면, 몽골출신 요코즈나 아사쇼류朝青龍가 2010년 2월 4일로 은퇴하였다. 스모는 예의 스포츠로서 최고자리인 요코즈나는 실력만으로 올라가는 자리가 아닌, 혼바쇼에서 보통 3번 이상 우승한 리키시가 스모협회의 심사를 거쳐 그 사람의 인품과 품행이 그 지위에 적합한가를 판단한 후 결정하게 된다. 그런데 요코즈나였던 아사쇼류는 격에 맞지 않는 여러 번의 행동과 음주폭행 사건을 계기로 은퇴를 면할 수 없게 되었다. 이 사건만으로도 일본의 국기

스모가 단순한 스포츠가 아닌 예를 승화한 스포츠임을 다시 생각하게 된다.

스모는 현재 일본에서 전 국민적인 관심을 받고 있고, 리키시들에 대한 대우도 좋아서 전 세계 격투기 선수들이 모여들고 있다. 스모 리키시의 보수제도는 지위에 따라 주어지는 급여, 수당과 리키시 포상금 등으로 나누어진다. 현재 요코즈나인 오노사토 다이키大の里 泰輝의 경우 총수입은 1억 1,199만 엔 정도를 받고 있다(2024년 기준).

오노사토 다이키
大の里 泰輝

스모 방영은 공영방송으로서 122개 AM라디오 방송국, 58개 FM라디오 방송국, 98개 TV방송국을 운영하며 국제 방송은 채널 9개로 18개 지역 22개 언어로 1일 65시간을 방영한다. 한 해 여섯 차례 혼바쇼 경기를 모두 생중계하고, 심야에는 녹화 방송까지 하는 등 인기를 얻고 있다. 지난 20년 사이에 아마추어 리키시들을 배출한 나라도 40여 개국에서 80여 개국으로 늘 정도로 스모는 국제 스포츠로서 자리를 잡아가고 있다. 1998년 스모선수의 국적에 대한 규제가 완화된 것을 계기로 일본 프로 스모계의 외국인 비율이 증가하고 있다. 2016년 최상의 리키시들인 마쿠노우치에는 42명 중에 16명이 외국인출신이며, 즉 3명 중에 1명이 외국인 출신 스모선수였다. 이는 외국인으로 스모계가 리키시 시장을 적극적으로 개방한 결과로 볼 수 있다. 그러나 현재 2025년 기준으로 이전과 비교해서 점점 외국인 출신이 감소하는 추세로, 그 이유는 외국인 본국의 생활이 윤택해지면서, 부를 축척하고자 하는 불굴의 의지인 헝그리 정신을 가진 스모선수들이 감소한 탓으로 여겨지고 있다.

현재 스모의 최고계급인 요코즈나는 몽골출신인 호쇼류 토모카츠

豊昇龍 智勝와 일본출신인 오노사토 다이키大の里 泰輝로, 두명이 동서를 양분하고 있다. 오노사토는 일본 출신으로 8년 만에 요코즈나에 승격한 사례로, 일본 스모계에 큰 의미를 지닌다.

제6장

일본의 생활문화

기모노着物와 게타下駄

전통적인 일본 옷을 가리켜 기모노着物라고 한다. 원래 '입다'라는 '기루着る'와 물건이라는 '모노物'가 합쳐진 말이다. 현재 우리가 입고 있는 서양식 옷, 양복洋服에 대한 전통의상을 한복韓服이라 하듯이 기모노는 와후쿠和服라고도 한다.

아스카시대飛鳥時代에 중국 당문화의 영향을 받은 시기로 의복령이 정해져, 신분계급에 따라서 예복礼服·조복朝服·제복制服 등으로 정해졌다. 헤이안시대에는 일본 독자적인 색상과 형태가 정해져 일본 의복 중에서 가장 아름답고 복잡한 시기로 귀족 중심으로 발전하였다. 주니히토에十二単라는 상류계급 여성의 정장과 남성 귀족정장으로는 소쿠타이

소쿠타이束帶와 주니히토에十二単

束帶가 있다. 가마쿠라시대에는 무가가 주역이 되던 시대로 복장이 간결하고 활동적으로 변했다. 최고의 예장으로 소쿠타이를 입었지만, 평상복으로 가리기누狩衣를 입게 되었다. 에도시대에는 현대 기모노의 대부분이 이 시기에 만들어져 염색기술, 옷의 정교함 등의 많은 발전이 있던 시기이다. 무가의 여성은 우치카케打掛, 남성은 가미시모裃를 입었다. 메이지시대에는 메이지유신으로 서양문물이 들

남성 예복용 기모노

어와 의복에 혼란을 가져왔지만, 다이쇼시대에 들어와서야 서양풍의 양복을 입기 시작했다. 쇼와시대를 거쳐 현대에 와서는 평상시에는 잘 입지 않고 결혼식이나 피로연, 성인식, 대학 졸업식, 장례식 등 특별한 날에 주로 입는다.

기모노는 입는 목적에 따라서 옷감의 종류, 모양, 색상이 다르고, 기혼여성과 미혼여성, 그리고 중요한 자리인지, 가벼운 외출인지에 따라서 달라진다.

기모노의 종류는 여성의 경우 도메소데留袖, 후리소데振袖, 호몬기訪問着, 이로무지色無地, 즈케사게付下げ, 고몬小紋, 혼례복, 장례복, 유카타로 나뉘고, 남성의 경우 평상용, 외출용, 예복용으로 나눌 수 있다.

후리소데振袖   도메소데留袖   호몬기訪問着   유카다浴衣
여성용 기모노

여성용으로 기혼여성이 입는 최고의 예복으로 도메소데留袖가 있다. 후리소데振袖보다 소매 폭이 좁아 소매가 허리까지 내려오는 것으로

  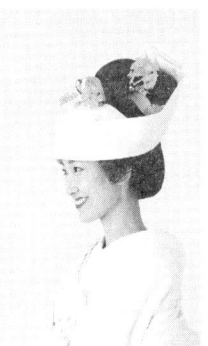

전통 혼례복   와타보우시綿帽子와 츠노카쿠시角隠し

결혼식·피로연 등의 공식적인 자리에 입는다. 후리소데는 성인식·사은회·결혼식 등에 미혼여성이 입는 것으로 소매가 길고, 자수나 염색을 이용, 화려한 무늬가 특징이다. 그리고 후리소데 다음으로 약식 예복으로 기혼·미혼 상관없이 착용하는 사교용 외출복으로 호몬기가 있다. 이것은 전체적으로 한 폭의 그림처럼 무늬가 연결되도록 한 에바하오리絵羽羽織 기법을 사용하는 것이 특징이다. 호몬기 다음의 약식예복으로 스케사게付下げ가 있다. 또한 고몬小紋은 편한 자리의 외출복으로 전체적으로 무늬가 작고 흩어져 있는 모양이 특징이다.

전통 혼례복의 경우 전체가 흰 시로무쿠白無垢나 색상이 선명하고 화려한 이로우치카케色打ち掛け가 있는데 우치카케는 무로마치시대에 무가 부인의 예복이었으나 에도시대에 부유한 상인이 입게 되어, 점차 일반의 예복으로 보급되었다. 신부의 전통의상인 시로무쿠는 면으로 만든 머리쓰개인 와타보우시綿帽子나 츠노카쿠시角隠し, 우치카케, 오비, 버선, 신발까지 전부 흰색으로 통일한다. 여기서 흰색은 부모와의 출생인연을 끊고 시가의 가풍에 쉽게 물들라는 의미를 가지고 있다.

장례복으로는 모후쿠喪服가 있는데, 고인에 대해서 예를 갖추는 것

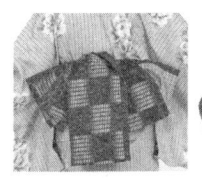   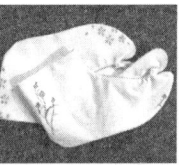

오비帯　　　게타下駄　　　조리草履　　　다비足袋

으로 무늬가 전혀 없는 비단으로 오비를 비롯해 장신구 또한 모두 검은색으로 통일한다.

유카타浴衣는 원래 홑옷이라는 의미로 헤이안시대에 목욕 후 입었던 옷이 에도시대에 서민들이 애호하는 평상복으로 발달했다. 현대에는 주로 여름철 불꽃놀이, 축제, 이벤트 등에 많은 입장의 특권이 주어져 더 많이 애용되고 있다.

현대 남성의 전통의상으로 우리나라의 도포와 비슷한 나가기長着를 입고 그 위에 방한을 목적으로 덧입는 하오리羽織와 하의로 하카마袴를 입는다. 하카마는 앞의 아랫단까지 주름이 있는데, 통치마처럼 생긴 것과 너른바지처럼 양 가랑이가 갈라진 것도 있으며, 최근에는 검도복으로도 모양이 바뀌어 사용되고 있다.

오비帯란 기모노와 함께 착용하는 긴 장식 천을 말하는 것으로 아즈치모모야마시대에 등장해, 에도시대에 오비의 폭이 넓어지면서 현재와 같은 형태가 되었는데, 이것은 여성스러움을 강조하기 위해서 비롯되어 굵은 오비로 화려하게 묶는 방법까지 고안되었다. 기모노와 함께 착용하는 신발로 게타下駄와 조리草履가 있다. 우리나라 버선과 같이 다비足袋를 신는데 이것은 엄지와 두 번째 발가락사이가 나누어진 일본식 버선이다. 게타는 유카타 같은 평상복에 조리는 정장이나 외출복에 함께 신는다.

눈으로 한 번, 맛으로 한 번 즐기는 음식문화

　일본은 북쪽의 홋카이도北海道에서 남쪽의 규슈九州에 이르는 남북으로 길고 좁은 지리적 특성을 지니고 있다. 이러한 지형적 조건은 외부 문화의 유입을 용이하게 하여, 세계 각국의 다양한 음식문화가 일본에 자연스럽게 정착하는 기반이 되었다.
　또한 국토 대부분이 산지로 이루어져 있으면서 사면이 바다에 접해 있어 풍부한 어장을 형성하고, 이로 인해 해산물을 중심으로 한 다양한 식재료가 발달하였다. 지역마다 상이한 기후 분포는 저장과 가공을 위한 독자적인 조리법을 발전시키는 계기가 되었으며, 사계절이 뚜렷하고 온난다습한 기후는 계절감을 중시하는 식문화로 이어졌다.
　특히 일본 요리는 재료 본연의 맛과 색을 살리는 데 중점을 두며, 계절과 음식의 종류에 따라 식기를 달리 사용함으로써 시각적인 아름다움을 추구한다. 또한 고온다습한 기후 덕분에 쌀 재배가 활발하여, 쌀이 일본인의 주식으로 자리 잡게 되었다.
　일본에 육류가 일반적으로 일본인들에게 받아들여진 역사는 극히 짧다. 6세기 백제로부터 불교가 들어와 서기 687년 덴무天武 천황이 소, 말, 개, 등의 동물의 육식을 금지하는 칙령을 내려, 1872년 육식

혼젠요리本膳料理

해금조치가 내려질 때까지 약 1000년 이상에 걸쳐 천황들에 의하여 살생 및 육식의 금지령이 내려졌다.

한편, 일본에서는 토끼가 일반적인 동물이 아니라 새로 취급되었다. 이는 토끼의 육식을 정당화하기 위한 일종의 문화적 해석으로, 토끼를 작은 동물에 사용하는 단위인 히키匹가 아니라 새를 세는 단위인 와羽로 계산했기 때문이다. 즉, 토끼를 동물이 아닌 새의 범주에 포함시킴으로써 육식금지령을 어기지 않고도 식용할 수 있도록 한 것이다. 이러한 관습의 흔적은 오늘날까지도 남아 있어 여전히 토끼를 셀 때 새의 단위인 와羽를 사용하고 있다. 육식이 금지된 기간이 길어 상대적으로 콩 중심의 독특한 문화가 정착되어, 미소味噌(일본된장), 낫토納豆(청국장과 비슷하나 날콩으로 먹는 것), 두부 등이 발달해 있다.

그러나 서양 문물이 들어온 메이지시대부터 육식이 허용되기 시작해, 메이지천황이 직접 소고기를 시식하는 등 육식을 문명의 개화라 하여 장려하였다. 현대에 들어와서는 일본인들도 육식을 즐기게 되었다.

일본의 전통요리로는 혼젠요리本膳料理, 가이세키요리会席料理, 자카이세키요리茶懷石料理, 쇼진요리精進料理, 오세치요리おせち料理가 있다. 모든 요리의 기본은 1즙3채一汁三菜로 밥, 국물, 반찬 3종류(생선회, 구이, 찜)이다. 일본에서 홀수는 양陽으로 보고 짝수는 음陰으로 보기 때문에 반찬 수는 반드시 홀수이어야 한다. 그래서 1즙5채一汁五菜, 2즙5채二汁五菜, 3즙15채三汁十五菜 등으로 반찬 수는 홀수이다.

혼젠요리는 관혼상제 등의 중요한 의식 때 접대하기 위한 정식 상차림으로 형식이 복잡하고 까다롭다. 에도시대부터 상차림이 화려해지고 요리에도 예술성을 띠게 되어 정식 향연요리나 격식을 차려야 할 중요한 연회나 혼례요리로 사용되는데 같은 종류 같은 맛의 음식은 내지 않는다.

자카이세키요리茶懐石料理

가이세키요리는 혼젠요리의 까다로운 형식에서 약식화된 것으로 술을 즐기기 위한 연회요리이다. 일반인이 간편하게 이용할 수 있도록 결혼식 피로연, 공식연회 등의 가장 많이 사용하는 손님접대 상차림이다.

자카이세키요리는 다도에서 나오는 음식으로 차를 마시기 전에 차의 맛을 돋우기 위해서 공복감을 없애기 위한 음식으로 아주 간단하게 나온다.

쇼진요리精進料理

쇼진요리는 불교의 영향으로 육식을 금하고, 두부, 채소, 곡류, 해초류 등의 식물성 식품으로 만든 음식을 말한다. 어패류 등과 같이 비린내 나는

오세치요리おせち料理

재료를 피해야 하는 불교사상에서 온 것인데 전반적으로 기름과 전분을 많이 사용하는 것이 특징이다.

오세치요리는 정월 1월 1일에 먹는 음식으로 우리나라의 설날 음식에 해당된다. 설날에 신을 맞이하여 새로운 해의 풍작과 가족의 안녕을 기원하는 행사로 행해졌다. 오세치요리는 신에게 바치는 것으로

스시寿司

사시미刺身

12월 31일에 모셔두고 설날아침에 가족전원이 모여서 먹는데 이것은 신으로부터 음복을 받는다고 생각했다. 신을 맞이한 3일 동안에는 취사를 하지 않고, 부엌에도 들어가지 않는 풍습이 있기 때문에 장시간 보관할 수 있는 음식을 연말에 만들어 3일 동안 그것을 먹는 풍습이 있다. 오세치요리는 2~4단 정도의 네모난 찬합에 담는데 그 음식들은 함축된 의미를 내포하고 있다. 청어알은 자손번영, 멸치조림은 풍작을 기원, 검정콩은 건강, 등을 굽힌 새우는 장수를 의미하여, 다른 음식도 각각의 의미를 두고 있다.

　일본의 대표적인 음식으로 가장 먼저 떠오르는 것은 사시미刺身(회), 스시寿司(초밥)가 아닐까 싶다. 일본인들은 전통적으로 식품에 가능한 가미를 하지 않고, 자연에 가까운 상태에서 먹는 것을 최상으로 생각하였다. 그래서 일본요리는 다양한 재료 자체가 가지는 맛을 최대한으로 살리는 데 요리의 중점을 두었다. 사시미는 신선한 어패류를 최소한의 요리 기술인 잘라서 간장, 와사비(고추냉이), 생강 등을 곁들여 먹는 생선회를 말한다.

　스시는 원래 어패류를 쌀이나 조와 같은 전분 속에 담가 자연 발효시켜 부패를 멈추게 한 보존 저장법 중의 하나였다. 그것이 16세기 후반쯤에 쌀과 식초가 널리 보급되면서 굳이 쌀의 자연 발효를 기다릴 필요가 없게 되어, 속성 초밥이라는 하야즈시早ずし, 하룻밤에 만들어진다는 이치야즈시一夜ずし가 등장하였다. 오늘날에 대표적인 초밥인 니기리즈시握り寿司(초밥 위에 생선이나 해산물을 얹은 일반적인 초

  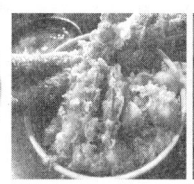 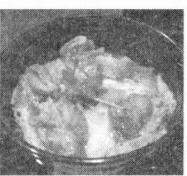

규동牛丼 　　가츠동カツ丼 　　덴동天丼 　　오야코동親子丼

밥)는 에도시대에 만들어진 것으로, 식초와 설탕을 섞은 밥 위에 신선한 생선이나 해산물을 얹어 손으로 살짝 쥐어 만든 초밥을 말한다. 종류는 니기리즈시握り寿司, 마키즈시巻き寿司(일본 김밥종류), 이나리즈시稲荷寿司(유부초밥), 지라시즈시ちらしずし(식초를 가미한 밥에 어패류, 채소 등의 여러 가지 재료를 얹은 것) 등이 있다. 지형적인 특성이 섬나라인 만큼 해산물이 발달되었다.

돈부리丼는 돈부리 그릇에 밥을 담고, 그 위에 다양한 재료를 얹은 요리로, 한국의 덮밥에 해당한다. 이것은 일본에서 저렴하게 간편하게 먹을 수 있는 음식으로 대표적이다. 종류로는 규동牛丼(소고기를 얹은 것), 가츠동カツ丼(돈까스를 얹은 것), 덴동天丼(튀김을 얹은 것), 오야코동親子丼(닭고기와 달걀 섞은 것을 얹는 것) 등이 있다.

스키야키すきやき는 간장, 미림, 설탕 등을 넣은 다시국물에 쇠고기와 파, 두부, 쑥갓, 곤약, 표고버섯 등의 채소를 쇠 냄비에 끓이면서 먹는 요리를 말한다. 다 익으면 날계란을 풀어 찍어 먹는다. 스키야키의 역사는 의외로 짧아 에도시대

스키야키すきやき

말경에 탄생했다. 일본은 서기 687년의 네 발 달린 짐승의 도살금지 칙령 때문에 육식을 할 수가 없었다. 그러나 메이지시대에 서양문물

유입으로 육식이 허용되기 시작해 일본인 사이에 쇠고기 등 육류 소비가 일반화되기 시작하면서 큰 인기를 얻게 되었다.

그리고 현재 우리나라에서도 보편적으로 먹는 우동이 있다. 일본 면 요리의 대표적인 것으로 종류는 기츠네 우동きつねうどん(유부가 얹어진 것), 덴푸라 우동天ぷらうどん(새우, 오징어 등의 튀김이 얹어진 것), 자루 우동ざるうどん(익힌 면을 냉수에 씻은 후 소쿠리에 담은 것을 간장에 찍어 먹는 것) 이외에 들어가는 재료에 따라서 조금씩 다른 많은 종류의 우동이 있다.

이러한 일본음식은 지역에 따라 다른 특징을 가지고 있다. 같은 음식이라도 관동지방関東地方은 설탕이나 진한 간장을 써서 맛을 진하게 내고, 조림은 짜며, 국물이 거의 없다. 반면에 관서지방関西地方은 전통적인 일본요리가 발달한 곳으로 맛은 연하면서 국물이 많고 최대한 자연스럽게 재료의 맛과 색을 살리는 특징이 있다. 교토京都의 전통요리가 대표적이다.

일본의 식사예절은 우리나라와 비슷하면서 다른 점이 많다. 겉보기에는 유사해 보이지만, 세부적인 예절에서 차이가 있어 자칫 실수하기 쉽다. 여기서는 이러한 차이점과 주의해야 할 점을 중심으로 살펴보고자 한다.

일본 사람들은 일반적으로 숟가락을 거의 사용하지 않고 젓가락만으로 식사를 한다. 숟가락은 죽이나 카레라이스처럼 젓가락으로 먹기 어려운 음식에만 사용한다. 그래서 밥이나 국을 먹을 때도 젓가락을 이용하며, 밥그릇은 왼손에 들고 오른손으로 젓가락을 사용한다. 국을 먹을 때는 젓가락으로 건더기를 집어 먹고, 국물은 그릇을 입 가까이 가져가서 직접 마신다. 이러한 식사 방법은 우리나라 식사예절과는 정반대이다. 우리나라에서는 예로부터 밥그릇을 들고 먹는 것이 예의에 어긋난다고 여겼다. 옛날에는 밥공기를 들고 먹는 모습이 거지가 밥을 얻어먹는 모습과 비슷하다고 생각했기 때문이다. 또한 우리나라에서는 숟가락을 사용해 밥을 떠먹는 문화가 자리 잡았기 때문에 밥그릇을 굳이 들 필요가 없다.

하시와타시箸渡し

반면 일본에서는 밥그릇을 들지 않고 상에 놓은 채로 입을 가까이 대는 행동을 예의 없다고 여긴다. 이는 개가 밥을 먹는 모습과 비슷하다고 생각하기 때문이었다. 이처럼 숟가락의 사용 여부에 따라 우리나라와 일본은 비슷하면서도 정반대의 식사문화가 형성되었다는 점이 흥미롭다.

개인용 상膳

젓가락을 놓을 때는 자기의 어깨와 평행하게 가로로 놓으며, 보통 하시오키箸置라는 젓가락 받침대를 사용한다.

연회장 상차림

연말 송별회나 각종 연회가 넓은 장소에서 함께 열리지만, 식사는 개인용 상膳으로 준비되는 경우가 많다. 뷔페식이나 여러 사람이 함께 나누어 먹는 음식의 경우에는 개인 접시에 덜어서 먹는다. 이때 자신의 젓가락으로 직접 공동 음식을 집는 것은 예의에 어긋나므로, 반드시 전용 젓가락을 사용해야 한다. 만약 전용 젓가락이 없을 때는 자신의 젓가락을 뒤집어 손잡이 부분으로 음식을 덜어 담는 것이 바람직하다.

젓가락으로 음식을 주고받는 행위는 우리나라에서는 친밀감을 표현하기 위해 서로 주고받는 일이 흔하지만, 일본에서는 이것이 금기시된다. 그 이유는 장례식에서 고인의 유골을 옮길 때, 두 사람이 젓가락을 맞잡고 뼈를 납골함에 옮기는 풍습이 있기 때문이다. 따라서 식사 자리에서 젓가락을 맞잡는 행동은 장례 의식을 떠올리게 하므로 삼가야 한다.

음식을 먹을 때의 소리 예절로 일본에서도 우리나라와 마찬가지로 식사 중에 소리를 내는 것은 예의에 어긋난다. 하지만 예외적으로 소바나 우동을 먹을 때는 '후루룩~' 소리를 내며 먹는 것이 오히려 자연스럽고, 맛있게 먹는다는 인상을 주는 행동으로 여겨진다.

술자리 예절

술자리의 예절로 술자리에서는 상대방의 잔이 완전히 비워질 때까지 기다리지 않고, 술이 조금 남아 있더라도 첨잔을 하는 것이 예의이다. 첨잔을 하지 않으면 "이제 그만 마시겠다"는 의미로 받아들여질 수 있어 실례가 될 수 있다. 우리나라에서는 첨잔을 금기시하지만, 일본에서는 오히려 상대에 대한 배려로 여겨지는 점이 흥미로운 차이점이다.

기후에 따른 주거문화

우리가 살아가는 데 있어서 가장 기본이 되면서 중요한 요소로 의식주를 꼽을 수 있다. 의식주는 그 국가의 지형과 기후, 지역의 문화 특징, 역사가 반영되어 있다.

일본은 산지면적이 국토의 70% 정도로 산악지형이고, 우리나라와 같이 사계절인 뚜렷하나 섬나라로 전체적으로 습도가 높은 온대기후의 특징을 보인다. 가장 상단인 북

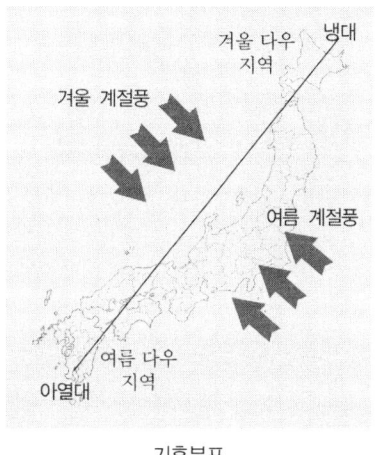

기후분포

쪽 홋카이도에서 남쪽 규슈지방 가고시마현까지 남북으로 길게 펼쳐진 지형 특성상 위도상으로도 변화가 크다.

북쪽인 홋카이도는 냉대기후, 남쪽의 규슈지방 아래에 위치한 오키나와 주변일대는 아열대 기후에 속해 다양한 기후지역으로 분포되어 지역적으로 변화가 심하고 강우량이 많다.

높은 산지와 계절풍의 영향으로 동해 쪽은 북서계절풍으로 겨울에 폭설에 의한 피해가 많고, 태평양 쪽은 남동계절풍으로 여름에 비가 많다. 또한 지각이 불안정하여 화산과 지진이 자주 발생하며, 온천이 발달되어 있다.

개방적인 주택구조

갓쇼즈쿠리 취락合掌造り集落

일본 주거형태의 영향요소로 기후, 지형, 지역을 들 수가 있다.

고온다습한 기후로 여름형 주택을 기본으로 하고 있어서 개방적인 주택구조로 창문이 많고 지붕을 높게 만들어 통풍성에 기초를 두고 있으나 겨울에는 부적절한 주택구조라는 단점도 있다.

지형은 잦은 지진으로 주택을 높게 짓지 않으며, 지진에 대비해 유연성 있고 내구성 있는 목조 건물로 많이 짓는데 이것은 여름철 습기와 겨울철 난방에도 효과가 있다. 목조 건물은 화재에 취약하고 방음이 잘 되지 않는 단점을 가지고 있다.

지역에 따라서 눈이 많이 내리는 아한대 추운 지방은 현관 입구에 눈을 털어내기 위한 공간을 설치하거나, 실내 온기가 빠져나가지 않기 위해 이중 출입문雨戸를 설치하기도 한다. 폭설지역은 눈이 쌓여 지붕이 내려 앉는 것을 방지하기 위해서 지붕경사도를 높인 지역도 있다(갓쇼즈쿠리 취락合掌造り集落).

고온다습한 아열대성 기후 지역에서는 태풍에 의한 비 바람의 피해를 최소화하기 위해서 이중창문雨戸을 설치하거나 온난한 기후를 고려하려 창을 크게 만들기도 한다.

일본 전통가옥의 실내 구조의 특징을 보면 짚을 엮어 만든 바닥재로 깐 다다미는 헤이안시대에는 상류사회에서만 사용하던 것이 에도시대 중반 이후 일반 대중사이에서 인기를 얻어서 현대 일본 화실和室 방바닥에 사용하고 있다. 다다미는 여름철 습기 흡수와 겨울철 냉기

조절에 뛰어나서 일본 기후에 적합하나, 벌레나 세균에 취약하여 관리가 필요한 단점을 가지고 있다.

도코노마床の間는 일본 다다미방 한쪽 벽면에 족자(붓글씨 그림)나 꽃꽂이를 장식해 두는 곳으로 손님을 맞이하여 예의를 갖추거나 예술적 감상을 하기 위한 공간이다. 무로마치시대에 일본의 전통예술인 다도회를 개최하는 다실에는 반드시 존재했으며, 다도회에서 그 날의 주제에 맞춰서 쓴 족자를 걸고, 꽃꽂이로 장식하며, 정신적인 교감을 하는 장소이기도 했다.

고다츠火燵

다다미畳 및 도코노마床の間

일본주택은 여름형 구조로 겨울에 취약한데, 겨울을 대비한 난방기구로 상 밑에 방열기구를 넣고 그 위에 이불을 덮은 형태의 고다츠가 발달되어 있다. 고다츠에서는 가족끼리 모여서 차를 마시거나 만화를 보는

아마도雨戶

등 친밀감을 다져서 가족문화의 상징이기도 한다.

이로리囲炉裏는 방바닥의 일부를 네모나게 잘라내고, 그 곳에 재를 깔아 취사용, 난방용으로 사용하였으며, 다도회에서는 찻물을 끓이는 용도로 사용하였다. 일본 일반가정의 거실에 불상이나 조상신을 모시는 불단과 신단이 설치되어있다. 신에 많이 의존하는 다신교인 일본인의 정서가 반영되어 있음을 추측할 수 있다.

아마도는 비, 바람, 추위를 막기 위해서 유리창문 밖에 판때기로 된 덧문을 말한다.

일본의 실내구조는 제한된 공간을 효율적으로 사용하고 있다. 후스마襖는 격자가 있는 문 양면에 두꺼운 종이나 천을 붙인 불투명한 미닫이 문으로, 방과 방사이를 구분짓는 칸막이 역할을 한다. 필요에 의해서 분리하거나 합쳐서 실용적으로 활용할 수 장점이 있다.

쇼지障子는 격자가 있는 나무틀에 전통종이(화지和紙)를 붙인 창문이나 정원 쪽 미닫이 문으로 사용되어 외부의 시선, 바람, 추위를 차단하고, 빛을 투과시켜 실내를 밝게 만드는 역할을 하며, 또한 외부의 정원 풍경을 내부에서 느낄 수 있게 설계되어 있다.

전통가옥 내부 및 쇼지障子와 후스마襖

현대 일본인의 주거 형태는 제2차 세계대전 이후 급격히 서구화되었는데 크게 단독주택, 맨션, 아파트 형태로 나눠볼 수 있다.

단독주택(잇코다테-戸建て)은 한 호의 주택, 즉 하나의 독립된 건물

단독주택 　　　　아파트 　　　　맨션

에 한 가구가 사는 곳으로 보통 단층집 또는 이층집이며 작은 정원과 주차장이 구비되어 있다. 맨션은 콘크리트와 철근으로 견고하게 지어진 중고층 공동주택이며, 우리나라의 아파트와 유사한 개념으로 방범 및 시스템이 잘 갖추어져 있다. 일본 아파트는 2층에서 3층의 목조 건물들이 대부분이며, 임대 공동주택을 의미한다. 다세대주택의 특성상 방음이 잘 안되며, 임대료는 저렴한 것이 특징이다.

　서구식 생활 공간이 도입되면서, 현대 주택은 서양식 방인 양실로, 다다미 방인 화실이 1개나 전혀 없는 주택도 등장했으며, 거실(Living), 식사 공간(Dining), 주방(Kitchen)이 결합된 LDK 형태가 보편화되었다.

L	Living(리빙룸)의 줄임말
D	Dining(다이닝룸)의 줄임말
K	Kitchen(주방)의 줄임말
WC	Water Closet(화장실)의 줄임말
UB	Unit Bath(욕실)의 줄임말
CL	Closet(클로젯)의 줄임말
J	Jou(다다미)의 줄임말. 일본에서는 방의 크기를 다다미가 몇장인가로 표현 (다다미 1장=약 1.65㎡)

주택구조 약어와 평면도

일본에서 집 임대를 위해서 우리나라와 같은 전세는 존재하지 않으며, 월세만 존재한다. 임대한 집 초기비용으로 수수료手数料(부동산비), 시키킹敷金(보증금), 레이킹礼金(사례금), 야칭家賃(월세)이 필요하다. 수수료手数料(부동산비)는 부동산 중계수수료로 보통 월 임대료의 1배 정도이다. 시키킹敷金(보증금)은 보증금으로 보통 월 임대료의 1~3배 정도의 금액으로 계약기간 만료시 입주자가 계약기간 동안 임대물 파손이나, 파괴가 있을 시 수리비를 제하고 돌려받을 수 있다. 레이킹礼金(사례금)은 우리나라에는 없는 제도로 집주인에게 감사의 의미로 지불하는 금액으로 퇴거시 돌려받을 수 없으며, 보통 월 임대료의 1~3배를 지불한다. 야칭家賃(월세)은 매달 지불하는 이용료를 말한다.

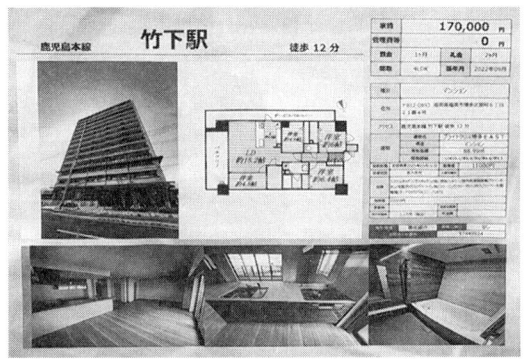

부동산 맨션 임대 매물(규슈지방)

이 맨션은 부동산에 임대로 나온 매물로 야칭은 17만 엔, 시키킹 1개월분, 레이킹 2개월분, 수수료 1.1개월분, 방 배치는 4DLK이고, 주차료 1만 1,000엔이다.

제7장

일본의 사회문화

지나친 동질성이 낳은 이지메いじめ

'이지메いじめ'는 일본어의 '이지메루いじめる' 즉, 괴롭히다, 들볶다 라는 의미의 동사가 명사화되어 생겨난 말로, 어떤 특정한 대상을 정해 놓고 전학급 또는 집단이 다같이 괴롭히는 일을 말한다. 즉 이지메는 '동일집단 내의 상호작용 과정에 있어서 우위에 선 자가 의식적 또는 집합적인 타인에게 정신적, 신체적으로 고통을 주는 행위'라고 정의하고 있다. 물론 이지메의 행위에는 싸움이나 신체적인 고통을 목적으로 하는 '폭력행위' 혹은 금품을 목적으로 하는 '공갈행위' 등도 포함된다. 괴롭히는 데는 뚜렷한 이유가 없으며, 그 대상은 대개 '약하고 힘없는 존재'이다. 그저 자신들과는 뭔가 다른 구석이 있다는 이유만으로 한 사람을 두고 집단으로 괴롭히는 것이다. 가방 안에 죽은 쥐를 집어넣는다거나 다리를 걸어 넘어뜨리기도 하고 뒤에 앉은 아이가 이지메의 대상이 되는 아이를 바늘로 찔러 피가 나게 하기도 한다. 이지메는 대학생과 직장인 사이에도 존재한다. 이때 이지메의 대상은 주로 중노년층이나 여자 직원이 되는데, 욕이나 저속한 언행은 기본이고 도저히 감당해 내기 어려운 분량의 일거리를 부과하거나 회사의 손실을 개인적으로 보상토록 강요하는 경우도 있다.

'이지메'는 일본만의 이례적인 사회 현상으로서 세계적인 고유명사가 되었을 정도이다. 자, 그렇다면 이러한 특수 현상이 일본에서 생겨나게 된 이유는 무엇일까? 여기에는 분명 어떠한 필연성이 작용하였으리라 짐작된다. 그 필연성을 찾아내기 위해서는 우선 그네들이 공유하고 있는 그네들 특유의 인성과 역사성, 그리고 최근의 사회적 상황을 살펴보지 않으면 안 될 것이다.

'이지메'를 자초하는 일본인

사회학자들은 흔히 일본인의 특성을 이야기 할 때, '응석', '소극성', '집단주의' 등의 성격을 자주 들어 이야기한다. '응석'은 어린아이가 엄마의 품에 안겨 있을 때 볼 수 있는 아주 일반적인 감정을 말하는 것인데, 성장과 함께 자립해 가는 개인의 성숙을 기대하는 서양과는 대조적으로 일본에서는 어른이 되어서도 이 모친 의존적인 '수동적 애정 희구'와 같은 '응석'이 사회 관계 속에서 조장된다. 응석은 조화로운 인간 관계와 정서적 안정을 위해 필요한 것이지만, 이것이 지나치면 폐쇄성이나 논리성 결여의 원인이 되기도 하며, '소극성'과 맥을 같이 하여 수동적이고도 타인 의존적인 성향을 띠게 된다. 또 집단주의는 조직 성원의 협동을 강조하는 개념으로서 '사람과 사람의 관계'나 '개체와 전체의 관계'를 중요시하는 개념이며, 동료와 함께 있음으로써 안심하는 '동료 사회', '집단 사회'를 지향한다. 그런데, 이러한 특성들이 어떻게 이지메라는 집단 괴롭힘과 연결될 수 있는 것일까?

그것은 전체를 중시하는 집단주의적인 성향이 너무 강해질 경우, 집단에서 벗어난 개인을 용서하지 않게 되어 집단 내에서 조금이라도 튀는 행동을 하는 사람이나 집단과 잘 어울리지 못하는 사람이 있으면 그를 대상으로 삼아 이지메를 가하게 되는데, 이것이 수동적이고도 타인 의존적인 '응석'이나 '소극성'이라는 성향과 맞물려, 개인적으로는 상대를 '이지메'하지 못하고, 자신을 포함한 집단에 의존하여 그 대상을 괴롭히는 형태로 나타나게 되는 것이다. 또 한 가지 재미있는 것은, 만약 이지메의 대상을 괴롭히는 데 동참하지 않으면 그 사람도 이지메의 대상이 되기 때문에, 자신은 하고 싶지 않아도 그 대상이 되는 것이 두려워서 이지메를 가하게 되는 경우가 많다는 사실이다. 집단에 속해 있음으로 안심하고 그러면서도 집단을 두려워하는 일본인의 극단적인 집단주의적 성향이 '이지메'를 낳는 일면을 보여주는 것이다.

역사 속의 이지메

그런데, 이러한 이지메의 필연성을 보다 확실하게 뒷받침하는 것은 일본의 역사 속에 자리한 '공인公認된 이지메'의 모습이다. 일본의 이지메는 역사적으로 볼 때 충분한 이유가 있다. 예로부터 지진이나 화산 폭발, 태풍 등의 천재지변과 화재, 전염병이 많았던 일본에서는 재앙을 면하기 위해 신에게 가호를 비는 지금의 마츠리祭り(축제나 제사)와 같은 집단주의적인 행사가 많았다.

또한 벼농사稻作나 농경 생활을 위해서는 집단적인 근로가 필수 불가결하였다. 마츠리나 집단적인 농경 생활을 통해 일본 특유의 집단의식과 공동체 의식이 몸 속 깊이 배게 된 것이다. 이러한 상황 속에서 마을의 집단적인 생활을 무리 없이 유지해 나가기 위해서는 집단 내의 규율을 엄격히 하고 규칙을 위반하거나 비협조적인 자에게는 집단적인 학대 같은 엄중한 제재를 가할 수밖에 없었다. 에도시대에는 벌써 이러한 관습이 사회적으로 공인되기에 이르러, 무라하치부村八分라는 풍습과 에타穢多와 히닌非人이라는 천민을 낳았다.

무라하치부는 마을의 공동 작업에 태만하거나 도둑질 등의 비행을 한 자에게 가해지는 집단 응징의 관습이었다. 마을에서 필요한 공동 행사, 즉 농사일·혼례·수해·화재 진압·장례식 등의 열 가지 기본 행사 중에서, 불이 났을 때 도와주는 것과 누군가 죽었을 때 함께 장례를 치러 주는 일 이외의 여덟 가지에 대해서는 일절 거들떠보지도 않을 뿐만 아니라, 의도적으로 괴롭히고 따돌려서 소외감을 맛보게 하였다.

한편, 에타와 히닌은 농민 계층이 아예 집단적인 학대를 가하도록 만들어진 천민 집단이다. 농민들로서는 무사들로부터 받는 고통이 무척 심했다. 왜냐하면 농민들은 수확량의 반 이상을 무사들에게 수탈당해야 했고, 어쩌다 한 번의 실수로도 무사에게 자칫 죽임을 당할 수도 있었기 때문이다.

그런데 농민은 전 인구의 80% 이상을 차지하는 데다가 나라의 재정을 유지시켜 주는 조세 수입의 원천이었기 때문에 그들의 이러한 고통을 모른 척하고 무시할 수만은 없는 노릇이었다. 그래서 바쿠후 幕府는 농민들의 불만을 해소해 주기 위하여 더럽다는 의미의 에다穢多 즉, 에타와 사람이 아니라는 의미의 비인非人, 즉 히닌이라는 천민 집단을 만들어 냈다. 자신들이 농민을 괴롭히듯 농민들 역시 이들 천민을 부담 없이 학대함으로써 대리만족을 느끼도록 한 것이다. 많은 농민들이 이들 천민을 때리거나 욕하고 괴롭히는 것이 당연시되었기 때문에, 그들은 자신들의 행위에 아무런 죄의식을 느끼지 않았고 오히려 쾌감을 느꼈다고 한다.

이와 같이 농경 사회가 낳은 집단주의적 의식과 역사적으로 공인된 집단 학대의 잔재가 현대의 이지메라는 형태로 그대로 이어지고 있는 것이다.

이지메를 부활시킨 일본의 사회

　이상, 역사적으로 볼 때 집단적 학대는 집단주의적인 농경 사회가 빚어낸 필연의 산물임을 알 수가 있다. 그렇다면, 극도의 심각성을 띠고 있는 현대의 '이지메'에는 과연 어떠한 필연이 작용한 것일까? 이지메라는 집단 괴롭힘이 다시 고개를 들게 된 데에는 어떠한 사회적 요인이 작용한 것일까?

　첫 번째로는 어린이가 혼자서 가지고 놀 수 있는 기계나 도구가 범람하게 되었다는 점을 들 수가 있다. 이들 혼자서 즐길 수 있는 기계가 인간과의 접촉 기회를 어린이로부터 빼앗아, 점차로 대인관계를 미숙하게 만드는 요인이 된다고 할 수 있다.

　일본에는 '대인 기피증'이란 말이 있다. 이것은 대인 관계가 상당히 미숙한 상태를 말하는 것으로서, 이로 인해 누군가와 친해지고 싶다고 생각해도 접근하지 못하거나 그 표현 방식이 그릇된 방향으로 전달되는 경우가 많은데, 그러한 하나의 현상이 이지메로 나타난다. 그런데, 이렇듯 혼자서 즐길 수 있는 기계의 범람이 이 '대인 기피증'의 기반이 되고 있는 것이다.

　두 번째로는 출생률 저하의 폐해를 들 수 있다. 형제의 수가 적거나 없기 때문에, 형제간의 싸움이나 형제간의 결속이 없어 감정을 다스리는 법이나 타인과 함께 공생해 나아가는 법을 배우기가 힘들다. 또한 부모의 입장에서는 애정을 한 곳으로 집중하게 되는 결과를 낳아, 자녀는 자기의 불만을 조금도 참아 내지 못하는 '내성耐性 결여'의 아동이 되어 버리기 십상이다. 이지메의 측면에서 말하자면, 이지메를 가하는 측도 당하는 측도 내성이 결여되어 있다고 할 수 있다. 이지메를 가하는 측에서는, 마음에 안 드는 녀석이라고 생각하면 그 사실만으로도 참기가 어려워져서 면박을 주거나 욕설을 하게 되고,

이지메를 당하는 측에서는, 앞서 말한 '대인 기피증'과도 이어지는 현상으로서, 친해지고 싶어도 어떻게 해야 할지를 모르고 노력해 봐도 잘 되지 않는 상황에서 조금이라도 기분 나쁜 일을 당하면 금세 기가 죽고 마는 것이다. 이지메의 악순환은 여기에서 시작되는 것이다. 부모의 손에 곱게 자라 어려움을 겪은 경험이 없는 자녀로서는 이지메를 당했을 경우 좋은 대처 방안을 찾지 못해 어찌할 줄 모르게 되는데, 이를 지켜보는 동료들로서는 그런 모습이 재미있어 견딜 수가 없는 것이다. 이러한 식으로 집요하게 이지메가 계속되면 내성이 없는 자녀는 결국 등교 거부나 자살 행위로 자신을 내던지게 된다. 그러나 중요한 것은 이지메를 가하는 측도 똑같은 요인이 작용한다는 사실일 것이다. 바로 '내성 결여'라는 똑같은 원인이 이지메의 가해와 피해를 낳는다는 것이다.

마지막으로 과잉 정보라는 시대적 영향도 무시할 수 없는 요인이 된다. 특히 TV, 신문 등의 매스컴이 자극적이고 센세이셔널sensational 한 정보를 여러 방면에 걸쳐서 흘려보내고 있다는 점이다. 청소년 문제, 그 중에서도 이지메 문제에 대해서는 지나치게 적극적인 보도를 하고 있는 것이다. 이 때문에 전혀 그러한 문제가 없었던 지역에서도 이지메가 다발하게 되는 경우가 적지 않다. 매스컴이 모든 지역에서 이지메를 조장하고 있다고 해도 과언은 아닐 것이다. 모든 사회 문제에 있어서 그 선동적인 역할을 해내고 있는 것이 매스컴이지만, 이지메는 청소년과 보다 밀접하게 얽혀 있는 문제이기에 매스컴의 부추김에 보다 민감하게 반응할 수 있다는 점을 유의해야 할 것이다.

이상, 우리는 이지메가 발생할 수밖에 없는-일본 특유의 인성에 의한, 역사에 의한, 그리고 사회적 상황에 의한- 필연성을 살펴보았다. 이지메는 지극히 집단주의적이면서도 소극적인 일본인의 성향이 기계화, 출생률 저하 등의 현대적 사회 현상에 맞물려 나타난 일본의 특수한 사회 문제이다.

이지메의 가장 큰 문제는, 이지메가 단순한 집단 괴롭힘의 문제로 끝나는 것이 아니라 등교 거부, 비행, 자살, 정신 장애 등의 심각한 다른 사회 문제를 파생시킨다는 데에 있다.

일본이 심각해질 대로 심각해진 이지메의 문제로 골머리를 앓고 있을 무렵, 우리나라에서는 '왕따'라는 이름의 '신종 이지메'가 꾸물꾸물 고개를 들고 있었다. 그러나 이지메와 같은 현상이 우리나라에 생겨나게 된 것은 일본처럼 역사적으로 이지메와 비슷한 관습이 있었다거나, 한국인 특유의 인성과 그 사회적 상황이 함께 반응하였기 때문은 아니다. 그것은 일본으로부터의 무시할 수 없는 영향력 위에 일본과 비슷하게 돌아가는 기계화나 출생률 저하와 같은 현대적 사회 현상이 그 배경으로 작용했기 때문으로 보아야 할 것이다. 어쨌든 이지메는 이제 단순한 남의 일이 아니다.

이지메가 현대 사회가 낳은 필연적 산물이라면, 단기간에 종식되기는 어려운 문제라고 본다. 가장 근본적인 개선은 학교와 가정에서 이루어져야 할 것이다. 자녀가 올바른 인간 관계를 형성해 나갈 수 있는 발판을 마련해 주는 것은 학교와 가정 교육이 담당해야 할 문제인 것이다. 그 위에 사회와 정부가 - 이지메에 관한 보다 실질적인 연구를 진행하는 등 - 혼연일체渾然一體가 되어 이지메 근절을 위한 사회 분위기 조성에 힘을 기울인다면 이 사회에서 이지메(왕따)라는 말이 사라지는 그 날이 그리 멀지만은 않을 것이다.

세계적 문제, 저출산 고령사회

저출산 고령사회少子高齡社会

일본 총무성 통계국에 따르면 일본의 총인구는 2024년 7월 현재, 약 1억 2,397만 명으로 전년도에 비하여 54만 명 감소하였다. 일본 총인구는 2008년 1억 2,808만 명을 정점으로 감소국면으로 인구감소 사회에 접어들었으며, 이는 향후에도 지속적으로 감소되어 2070년에는 9,000만 명을 밑돌 것으로 예상되고 있다. 총인구 1억 2,397만 명 중 15세 미만의 인구는 1,394만 9천 명이었으며, 15세 이상 64세 이하 인구는 7,378만 4천 명, 65세 이상 인구는 3,625만 2천 명으로 나타났으며, 65세 인구 중 75세 이상 인구는 2,061만 명이었다.

일본의 인구 모습 변화

	2020년(실적치)	2070(추계치)
총인구	1억 2,615만 명	8,700만 명
고령자인구	3,603만 명(28.6%)	3,367만 명(38.7%)
생산연령인구	7,509만 명(59.5%)	4,535만 명(52.1%)
아동인구#1	1,503만 명(11.9%)	797만 명(9.2%)
외국인인구	275만 명	939만 명
합계특수출생률	1.33	1.36
평균수명(여성)	87.72세	91.94세
평균수명(남성)	81.58세	85.89세

출처: 국립사회보장·인구문제연구소   #1. 0세부터 14세까지의 인구

1995년에 8,726만 명으로 정점이었던 15세 이상 64세 이하의 경제활동인구는 2024년에 7,378만 명으로 1,348만 명 줄었으며, 2070년에는 3,367만 명으로까지 지속적으로 감소할 것이 예상되고 있다. 동시에 총인구에서 차지하는 비율은 1992년 69.8%에서 2020년 59.5%로 60% 이하는 줄어들었고, 2070년에는 52.1%에 이를 것으로 예상되고 있다.

한편, 1990년 2,254만 명으로 총인구에 차지하는 비율이 18%이었던 15세 미만의 인구는 2020년 1,503만 명으로 12%를 차지하였고, 2070년에는 797만 명으로 9%를 차지할 것으로 예상되고 있다.

통상적으로 전체 인구 중에서 65세 이상 인구가 차지하는 비율(고령화율)이 7% 이상 14% 미만인 사회를 고령화사회, 14% 이상 21% 미만인 사회를 고령사회, 21% 이상인 사회를 초고령사회로 일컫는다.

주요국의 고령화율 변화(7%~14%) 기간

	7%	14%	기간
일본	1970년	1994년	24년
대한민국	2000년	2018년	18년
싱가포르	2004년	2021년	17년
중국	2002년	2025년	23년
독일	1932년	1972년	40년
영국	1929년	1975년	46년
미국	1942년	2014년	72년
스웨덴	1887년	1972년	85년
프랑스	1864년	1990년	126년

출처: 일본, 국립사회보장·인구문제연구소

일본은 고령화율이 1970년 7%를 넘어서 고령화사회에 진입하였으며, 1994년에는 14%에 달하여 24년이라는 짧은 기간에 다른 선진국(프랑스 115년, 스웨덴 85년, 영국 47년, 독일 40년)과 비교하여도 극히 빠른 속도로 고령사회에 접어들었다. 2005년에는 21%를 넘어 세계 최초로 초고령사회에 진입하였으며, 2070년에는 38.7%에 달할 것으로 예상되고 있다.

이와 같이 일본의 인구는 점점 고령화가 진전되고 있는데, 이는 의학기술의 진보와 더불어 공중위생, 식생활, 주거환경의 개선 등으로 생활수준이 향상되었고 사망률의 저하에 기인한 것으로 볼 수 있다. 일본인의 평균수명은 세계최고령으로 2024년 현재 남성이 81.7세, 여성은 87.2세이며, 건강수명은 남성이 71.9세, 여성은 74.8세로 나타났다.

합계출산율 및 출생아 수 변화

년도	합계출생율	출생아 수	비고
1947년	4.54명	267만 9천 명	
1949년	4.32명	269만 7천 명	제1차 베이비 붐 피크
1957년	2.04명	156만 6천 명	인구치환수준 밑돔
1961년	1.96명	158만 9천 명	처음으로 2.0명을 밑돔
1966년	1.58명	136만 1천 명	과거최저(병오년)
1967년	2.23명	193만 6천 명	백말띠 회복
1973년	2.16명	209만 2천 명	제2차 베이비 붐 피크
1989년	1.57명	124만 7천 명	1.57 충격
2005년	1.26명	106만 3천 명	과거 최저
2016년	1.44명	97만 7천 명	100만 명 밑돔
2024년	1.15명	68만 6천 명	과거 최저, 70만 명 밑돔

출처: 일본. 국립사회보장·인구문제연구소

다른 한편, 한 명의 여성이 가임기간(15세 이상 49세 이하)에 낳을 것으로 기대되는 평균 출생아 수를 일컫는 합계출산율은 현재 인구를 유지하기 위한 인구치환수준인 2.08명으로 밑도는 것을 통상적으로 저출산이라고 칭한다.

1947년 제1차 베이비 붐 시기에는 4.54명로 전후 가장 높은 수치를 기록했으며, 1949년에는 269만 7천 명의 출생아 수를 기록하였다.

그러나 1957년 156만 6천 명의 출생아 수는 출생율 2.04명을 기록하여 처음으로 인구치환수준을 처음으로 밑돌았으며, 1961년에는 출생율 1.96명으로 처음으로 2.0명을 밑돌았다.

한편, 1966년 병오년丙午年(일본에서는 이 해에 태어나는 여성의 남편은 단명한다는 미신이 있음)에는 전년에 비해 극단적으로 낮은 1.58이라는 낮은 수치와 출생아 수가 136만 1천 명을 기록하였으나, 1967년 이후부터 1973년까지는 인구치환수준을 회복하였다. 이는 1971년부터 1973년까지의 제2차 베이비 붐 또한 한몫한 것으로 보여진다. 하지만 이후 지속적으로 감소한 합계출산율은 1989년 124만 7천 명의 출생아 수와 합계출산율 1.57명은 1966년 병오년 수준을 밑돌아 '1.57충격'이라 불리우며 저출산의 심각성이 대두되었다.

2005년에는 1.26명으로 과거 최저의 출생율을 기록하였으며, 2016년에는 1.44명으로 출생율은 다소 회복하였으나, 97만 7천 명이라는 출생아 수는 전후 처음으로 100만 명을 밑돌았다. 2024년에는 1.15명의 출산율은 과거 최저를 기록하였으며, 68만 6천 명의 출생아 수 또한 70만 명을 밑돌아 인구감소 가속화를 진전시키고 있다.

단카이 세대団塊世代

베이비 붐 세대를 일컫는 일본어 표현으로 1947년부터 1949년까지의 1차 베이비 붐으로 태어난 출생아 수는 3년간 총806만여명이었다. 이를 연도별로 보면 1947년에 267.9만 명, 1948년에 268.2만 명, 1949년에는 269.7만 명으로 3년 평균 260만 명의 많은 출생아 수를 기록하였다. 이를 1차 베이비 붐 세대라고 말한다.

한편 1971년부터 1974년에 태어난 세대를 단카이 쥬니어 세대(2차 베이비붐 세대)라고 칭하며, 4년 간의 총 출생아 수는 총 816만여 명이었다. 이를 연도별로 보면 1971년에 200.1만 명, 1972년에 203.9만 명, 1973년에는 209.2만 명, 1974년에는 203.0만 명으로 4년 평균 200만 명 이상의 출생아 수를 기록하였다.

단카이 세대가 모두 75세 이상이 되는 2025년에는 75세 이상의 인구가 전체 인구의 약18%를 차지하게 되며, 2040년에는 65세 이상의 인구가 전체 인구의 약35%를 차지하여 심각한 고령화로 인구구조의 변화에 주목하지 않을 수 없다. 일본에서는 3차 베이비 붐 세대를 기대하고 있지만 현상태로서는 요원하다 하겠다.

유도리 세대ゆとり世代

1980년대 부터 시작된 교육방침으로 기존의 주입식 교육으로 불리우는 지식양 편중형에서 벗어나 사고력을 키우는 학습에 중점을 둔 경험중시형 교육방침으로 학습시간과 내용을 줄인 여유(유도리ゆとり) 있는 교육을 목표로 하는 교육을 받은 세대를 일컫는 용어이다. 1980년도, 1992년도, 2002년도 개정으로 점차적으로 교육내용을 엄선하고 있다.

1972년 일본교직원조합(日教組)가 유도리 교육과 함께 학교 5일제를 제기함으로써 시작되었고, 초등학교는 1980년도, 중학교는 1981년도, 고등학교는 1982년부터 본격적으로 시행되었다. 이후 개정된 학습지도요령으로 2011년도 초등학교, 2012학년도 중학교, 2013학년도 고등학교에서 탈유도리 교육으로 전환하였는데 문부과학성에서는 "유도리도 주입식도 아닌 살아가는 힘을 키우는 교육ゆとりでも詰め込みでもない生きる力を育む教育"이라고 칭하고 있다.

일반적으로 1987년 4월 2일생부터 2004년 4월 1일생까지가 유도리 세대에 해당된다.

히키코모리引き籠もり(은둔형외톨이)

후생노동성의 가이드라인에 의하면 "의무교육을 포함하여 취학, 취로, 가정 외에서의 외유"와 같은 사회참가를 회피하고 집에서만 6개월 이상 동안 있는 상태가 이에 해당된다. 이는 비단 젊은 층에만 해당하는 것이 아니고 40세부터 60세에 이르기까지 중고령층에도 널리 퍼져있다. "일할 의사가 없다거나, 일할 수 없는 상태"에 있는 니트족과는 달리 취로나 취학과 같이 집밖에서의 생활의 장이 장기간 상실된 상태를 일컫는다. 그 이유는 다양하다 하겠으나 주요 원인으로는 좌절경험, 정신질환이나 발달장애, 대인관계에 대한 스트레스, 자기긍정감의 저하를 들 수 있다.

15세~39세의 히키코모리引き籠もり 상태에 있는 사람

연령별	비율
15세 ~ 19세	21.5%
20세 ~ 24세	18.1%
25세 ~ 29세	23.6%
30세 ~ 34세	16.0%
35세 ~ 39세	20.8%

출처: 내각부 '어린이/젊은이 의식과 생활에 관한 조사(2024년)n=144

2022년 내각부가 실시한 '어린이 젊은이의 의식과 생활에 관한 조사'에 따르면 15세부터 64세까지의 생산연령인구 중에서 은둔형외톨이 형태에 있는 사람이 전국적으로 146만 명으로 추계되며 이는 50명에 1명이 이에 해당된다.

15세부터 39세까지의 연령대별 히키코모리 상태에 있는 사람 비율을 보면, 25세에서 29세 사이가 23.6%로 가장 높게 나타났으며, 30세에서 34세 사이가 16.0%로 가장 낮게 나타났으나 전반적으로 골고루 분포되고 있다.

40세~64세의 히키코모리引き籠もり 상태에 있는 사람

연령별	비율
40세 ~ 44세	9.3%
45세 ~ 49세	12.8%
50세 ~ 54세	18.6%
55세 ~ 59세	23.3%
60세 ~ 64세	36.0%

출처: 내각부 '어린이·젊은이 의식과 생활에 관한 조사(2024년)n=86

한편, 40세에서 64세까지의 히키코모리 상태에 있는 사람을 살펴보면, 60세에서 64세사이가 36.0%로 가장 높게 나타났으며, 40세에서 44세 사이가 9.3%로 가장 낮게 나타난다.

15세에서 64세사이의 생산연령인구 중에서 히키코모리 상태에 있는 사람은 의외로 60세에서 64세 사이가 가장 높았으며, 25세에서 29세 사이가 23.6%, 55세에서 59세 사이가 23.3%, 15세에서 19세 사이가 21.5%, 35세에서 39세 사이가 20.8% 순으로 나타난다.

고독사孤独死·고립사孤立死

고독사, 고립사 혹은 무연사나 독거사로 다양하게 사용되고 있으나, 매스컴에서는 '고독사'를 많이 사용하고 있으나, 후생노동성에서는 '고립사'라는 용어를 사용하고 있다. '고립'은 객관적인 상황에서 혼자라는 상황으로 의미적으로도 '고독사'보다는 '고립사'를 사용하는 편이 적절해 보인다.

후생노동성에서는 "인간의 존엄성을 해치는 비극적인 '고립사'(즉 사회로부터 '고립'된 결과, 사망 후 장기간 방치되는 '고립사'로 정의하며, 사망 상황뿐 아니라, 그 근본적 원인이 '사회로부터의 고립'이라는 상태가 원인이라는 점을 명시하고 있으며, 사회적 관계의 부족이 사망이라는 비극적인 상황으로 이어진다는 배경을 강조하고 있다.

내각부에서는 "아무에게도 임종을 지켜보지 못하고 숨을 거둔 후, 상당 기간 방치되는 비극적인 '고립사(고독사)'로 고독사와 고립사를 동의어를 사용하고 있으며, 주로 임종을 지켜보는 사람이 없다는 점과 상당 기간 방치된다는 사망 상황에 초점을 두고 있다.

연령별, 성별 사후 8일 이상, 4일 이상 고립사 수

	총수	남	녀	불상
총수				
8일 이상	21,856명	17,364명	4,466명	26명
4일 이상	31,843명	24,450명	7,366명	27명
15세 미만				
8일 이상	0명	0명	0명	0명
4일 이상	0명	0명	0명	0명
15~19세				
8일 이상	3명	2명	1명	0명
4일 이상	8명	4명	4명	0명
20~29세				
8일 이상	99명	67명	32명	0명
4일 이상	184명	126명	58명	0명
30~39세				
8일 이상	189명	146명	43명	0명
4일 이상	313명	235명	78명	0명

40~49세				
8일 이상	755명	612명	143명	0명
4일 이상	1,071명	847명	224명	0명
50~59세				
8일 이상	2,740명	2,365명	375명	0명
4일 이상	3,703명	3,178명	525명	0명
60~64세				
8일 이상	2,307명	1,996명	311명	0명
4일 이상	3,102명	2,669명	433명	0명
65~69세				
8일 이상	3,102명	2,701명	401명	0명
4일 이상	4,220명	3,664명	556명	0명
70~74세				
8일 이상	4,277명	3,632명	645명	0명
4일 이상	5,903명	4,925명	978명	0명
75~79세				
8일 이상	4,044명	3,160명	884명	0명
4일 이상	5,824명	4,453명	1,371명	0명
80~84세				
8일 이상	2,502명	1,717명	785명	0명
4일 이상	4,087명	2,646명	1,441명	0명
85세이상				
8일 이상	1,705명	882명	823명	0명
4일 이상	3,290명	1,615명	1,675명	0명
불상				
8일 이상	133명	84명	23명	0명
4일 이상	138명	88명	23명	0명

출처: https://www.cao.go.jp/kodoku_koritsu/torikumi/wg/r6/pdf/houkokusyo.pdf

　내각부 자료에 따르면 2024년 고립사 상황을 살펴보면, 사후 8일 이상 지난 후 발견된 경우는 총 2만 1,856명으로 남성이 1만 7,364명, 여성이 4,466명으로 추정되었으며, 사후 4일 이상 지난 후 발견된 경우는 총 3만 1,843명으로 남성이 2만 4,450명, 여성이 7,366명으로 나타났다.

인류에게 공헌한 일본의 노벨상 수상자

일본의 역대 노벨상 수상자는 모두 24명(일본출신 난부 박사는 미국국적, 난부 박사를 포함해서 25명)이다. 이 중 22명은 자연과학 분야다. 또한 노벨상을 2008년 한 해에 4명이 동시에 수상하는 것은 이번이 처음이라 일본국내의 과학기술, 기초연구에 대한 관심이 그 어느 때보다 높아지고 있다. 또한 '소립자 비대칭성 연구'로 3명이 동시 수상, '청색발광 다이오드 발명'으로 2명이 동시에 수상하면서 물리학 분야 수상자는 10명으로 훌쩍 늘었다. 최근 2012년에 들어서면서 2018년 현재까지 생리학·의학분야에서 수상자가 압도적이다. 도대체 노벨상이 무엇이며 그 상이 주는 의미가 무엇인가 살펴보기로 하자.

우선 노벨상에 대해서 알아보자. 세계에서 가장 권위가 있는 학술문화상이라고 하는 '노벨상'은, 다이너마이트(그리스어로 '분말'이라는 뜻)를 발명한 스웨덴의 과학자 알프레드·노벨Alfred Bernhard Nobel(1833~1896)의 유언에 따라, 스웨덴 왕립 과학 아카데미에 기부된 유산을 기금으로 하여 1901년에 민간의 '노벨재단'이 만들어지면서 창설되었다.

노벨재단에서는, 1901년에 문학상, 평화상, 물리학상, 의학·생리학상, 화학상의 5개의 노벨상을 만들었고, 그 후 1969년에 노벨재단과는 별도로 스웨덴 국립은행의 기금에 의해 새롭게 경제학상이 설치되어 현재의 6개의 부문이 되었다.

노벨상은 1901년부터(경제학상의 경우 1969년부터) 시상되어 왔으나, 과학 분야의 경우 가장 중요한 발견이나 발명을 한 사람으로서 매년 인류를 위해서 최대의 공헌을 한 사람에게 수여되어 왔다. 노벨상 수상 대상자는 개인(최대 3명까지 공동수상 가능)에 국한되며, 평화상의 경우 기구나 협회도 수상할 수 있다.

수상자 선정은 노벨의 유언과 정관에 의해(1901년 설립된 민간기구인 노벨재단은 대외적인 활동, 홍보활동, 시상행사 등을 담당할 뿐, 수상자의 선정에는 관여하지 않음), 왕립스웨덴과학원(물리학상과 화학상)과 카롤린스카 의과대학(생리의학상)소속 노벨위원회의 심사를 거쳐, 왕립스웨덴과학원과 카롤린스카 의과대학 의학노벨총회에서 투표로 최종 결정된다.

먼저 노벨재단은 매년 9월 익년도 후보자 추천요청서를 노벨상 수상자, 왕립스웨덴과학원 회원, 각국의 과학자 등에게 발송하여 익년도 1월 31일까지 추천을 받는다.

수상자후보 명단이 모이면 각 분야별 노벨위원회의 심사 작업이 개시되어, 초가을쯤에 수상자후보를 왕립스웨덴과학원과 카롤린스카 의과대학 의학노벨총회에 건네준다. 그러면 매년 10월 중순(늦어도 11월 15일까지) 과학원과 의학노벨총회는 비밀투표로 수상자를 최종 결정하여 발표하게 된다. 평화상 시상은 노벨이 사망한 12월 10일, 노르웨이 수도 오슬로에서 행해지며, 그 외의 상은 스웨덴의 수도 스톡홀름 콘서트홀에서 시상된다.

상금 액수는 재단의 기금운용사정에 따라 매년 조금씩 변하는데, 처음 수상한 1901년의 1부문에 대한 15만 8백 크로나에서 1981년에는 1백만 크로나, 1999년에는 790만 크로나(약 12억 원), 2001년에는 1,000만 크로나(약 14억 원)로 해마다 증가하고 있다. 이 상금 이외에도 상장과 금메달이 주어진다.

일본의 수상자는 2025년 현재 물리학분야에서 10명, 화학분야에서 7명, 문학분야에서 2명, 생리·의학분야에서 5명, 평화분야에서 1명이 수상하고 있다. 이들을 간단히 소개하면 다음과 같다.

일본의 역대 노벨상 수상자

연도	이름	분야	수상 이유
1949	유가와 히데키(湯川秀樹)	물리학	양자와 중성자의 사이에 작용하는 원자력을 매개하는 것으로서, 미지의 소립자 '중간자'의 존재를 예언. 소립자 물리의 기초를 쌓아 올렸다.
1965	도모나가 신이치로(朝永振一朗)	물리학	소립자의 전자기적 성질을 취급하는 양자 전자역학의 난문을 해결하는 '편입 이론'으로, 양자 전자역학을 발전시켰다.
1968	가와바타 야스나리(川端康成)	문학	〈이즈의 무희〉, 〈설국〉 등의 작품으로 독자적인 미의 세계를 구축. 일본의 마음의 참뜻을 표현했다.
1973	에사키 레오나(江崎玲於奈)	물리학	반도체·초전도체 터널효과에 대해 연구하여, 걸리는 전압이 낮아지는 것에 따라 전류가 늘어나는 특성을 가지는 반도체 '에사키·다이오드'를 발명했다.
1974	사토 에이사쿠(佐藤榮作)	평화	일본의 수상으로서 나라를 대표해 핵병기 보유에 시종 반대하여, 태평양 지역의 평화의 안정에 공헌했다. 숀·맥브라이드 전 아일랜드 외상과 공동 수상.
1981	후쿠이 겐이치(福井謙一)	화학	원자가 가지는 특정의 전자에 주목해 계산하는 것으로, 화학반응의 모습을 예언할 수 있는 '프런티어 전자 궤도 이론'을 개척. 화학반응 과정에 관한 이론의 발전에 공헌했다.
1987	도네가와 스스무(利根川進)	생리학 의학	생체를 병원체로부터 지키는 다양한 면역 항체가 만들어지는 과정을 유전자 레벨로 해명. 즉 '다양한 항체 유전자가 체내에서

연도	이름	분야	수상 이유
			재구성되는 이론'을 입증하여, 유전학·면역학에 공헌했다.
1994	오에 겐자부로(大江健三郎)	문학	정치상황을 반영한 작품을 발표. 생명과 우화가 응축된 세계를 창조해 내며 현대인의 고뇌를 그렸다.
2000	시라카와 히데키(白川英樹)	화학	전기를 전하는 플라스틱의 일종인 poly-acetylene막의 합성에 성공. 분자 일렉트로닉스의 개발의 문을 열었다.
2001	노요리 료지(野依良治)	화학	키랄 촉매에 의한 "비대칭 수소화 반응"의 연구에 의해, 구조가 꼭 닮은 유기물을 분자 촉매를 이용해 '비대칭 촉매 합성' 방법을 개발. 유기 화합물의 합성법 발전에 기여했다.
2002	고시바 마사토시(小柴昌俊)	물리학	우주 물리학, 특히 우주로부터의 뉴트리노의 검출에 선구적인 공헌. 별이 멸망할 때의 초신성 폭발로 태어나는 수수께끼의 소립자인 뉴트리노를 검출하는 것에 성공. 뉴트리노에 질량이 있는 것을 밝혀, 소립자 이론에 큰 영향을 미쳤다.
2002	다나카 고이치(田中耕一)	화학	생체 고분자의 분류 및 구조 해석을 위한 수법의 개발. 생물의 몸체를 이루는 단백질 분자가 어떤 형태를 하고 있는지를 해석하는 기술을 개발. 신약의 개발이나 암의 조기진단에의 길을 열었다.
2008	고바야시 마코토(小林誠)	물리학	우주가 물질로만 가득한데, 왜 우주초기에 물질과 반물질의 비대칭성이 나타났는지를 이론적으로 설명
2008	마스카와도시히데(益川敏英)	물리학	우주가 물질로만 가득한데, 왜 우주초기에 물질과 반물질의 비대칭성이 나타났는지를 이론적으로 설명
2008	난부 요이치로(南部陽一郎)	물리학	소립자 세계에서 자발적인 대칭성 깨짐으로 불리는 현상을 발견.
2008	시모무라 오사무(下村脩)	화학	녹색형광단백질(GFP) 발견과 개발
2010	네기시 에이이치(根岸英一)	화학	크로스커플링(cross-coupling) 개발

연도	이름	분야	수상 이유
2010	스즈키 아키라(鈴木章)	화학	크로스커플링(cross-coupling) 개발
2012	야마나카 신야(山中伸弥)	생리학 의학	다양한 세포로 성장할 수 있는 능력을 가진 iPS세포 제작
2014	아카사키 이사무(赤崎勇)	물리학	고광도로 저전력백색광원을 가능하게 한 (에너지 효율성이 높은) 청색발광 다이오드(DIODE) 발명
2014	아마노 히로시(天野浩)	물리학	고광도로 저전력백색광원을 가능하게 한 청색발광 다이오드(DIODE) 발명
2015	가지타 다카아키(梶田隆章)	물리학	뉴트리노(NEUTRINO)가 질량을 가진 것을 나타내는 뉴트리노(NEUTRINO) 진동 발견
2015	오오무라 사토시(大村智)	생리학 의학	선충의 기생으로 발생되는 감염병에 대한 새로운 치료법에 관한 발견
2016	오오스미 요시노리(大隅良典)	생리학 의학	오토파지(AUTOPHAGY)의 구조 해명
2018	혼조 타스쿠(本庶佑)	생리학 의학	면역체계를 이용한 암 치료법인 면역관문수용체를 발견

▶ 유카와 히데키湯川秀樹: 물리학자

　1907년 일본 도쿄東京 출생. 1929년 교토京都대학 물리학과를 졸업한 후 그곳에서 강사생활을 했으며, 1933년 오사카大阪제국대학으로 옮겨 1938년 박사학위를 받았다. 1939~1950년 이론물리학을 연구했지만, 1948년 도미하여 프린스턴대학 객원교수로 있었고, 1953년 교토대학 기초물리학 연구소장으로 재직하였다.

　1935년에 질량이 전자와 양성자의 중간쯤 되는 일시적인 입자인 중간자의 존재를 정확히 예측한 핵력核力 이론을 세웠다. 이 중간자 이론으로 1949년 노벨 물리학상을 수상했다.

▶ 도모나가 신이치로朝永振一郞: 물리학자

1906년 일본 도쿄 출생. 1929년 교토대학 이학부를 졸업했으며 1932년 이화학연구소 연구생으로 들어갔다. 1937~1939년 독일 라이프치히대학에서 원자핵이론을 연구했다.

1941년 도쿄문리과대학교 교수가 되었고, 1956~1962년 도쿄교육대학의 총장을 역임했으며 1963~1969년 일본학술회의 회장으로서 기초과학 육성에 기여했다.

양자전기역학을 특수 상대성 이론과 완전히 부합하도록 바꾼 공로로, 1965년 미국의 물리학자 리처드 P. 파인먼, 줄리안 S. 슈윙거와 함께 노벨 물리학상을 받았다.

유명한 저서로는 『양자역학』(1962), 노벨상 수상 강연집인 『양자전기역학의 발전: 사적 회고』(1966) 등이 있다.

▶ 가와바타 야스나리川端康成: 소설가

1899년 일본 오사카大阪 출생. 1924년 도쿄제국대학 국문학과를 졸업한 뒤 반자전적인 작품 〈이즈伊豆의 무희舞姬〉(1926)로 문단에 발을 들여놓았다. 1924년 요코미츠 리이치橫光利一 등과 『문예시대』를 창간하여 신감각파의 유력한 일원이 되었으며, 그 후 〈수정환상水晶幻想〉(1931), 〈서정가抒情歌〉(1932), 인생을 비정의 눈으로 응시한 〈금수禽獸〉(1933) 등 문제작을 발표했으며, 〈설국雪国〉(1935~1947)에 이르기까지 왕성한 창작활동을 계속했다. 〈설국〉은 가와바타 문학의 최고봉으로 지목되는 작품으로서, 〈센바즈루千羽鶴〉(1951), 〈고도古都〉(1962) 등 전후의 작품과 함께 1968년 노벨문학상을 받았다.

▶ 에사키 레오나江崎玲於奈: 고체물리학자

1925년 일본 오사카 출생. 1947년 도쿄대학東京大学 물리학과를 졸업한 후 1956년 소니사社의 수석 물리학자가 되었으며, 터널링 현상에 관해 집중적으로 연구했다.

반도체에 불순물을 첨가함으로써 고체상태 반도체의 특성을 조절하는 방법을 고안해냈으며, 이를 통해 '에사키 다이오드'라고 불리는 이중 다이오드를 발명했다.

1960년 보다 깊이 있는 연구를 위해 미국 IBM의 특별연구기금을 제공받아 뉴욕 IBM 실험실에서 연구활동을 했고, 1973년 이바르 예이베르, 브라이언 조지프슨과 함께 노벨 물리학상을 받았다. 그 외에 니시나 기념상(1959), 아사히 신문상(1960), 일본 아카데미상(1965) 등 많은 상을 수상했다.

▶ 사토 에이사쿠佐藤榮作: 정치가

1901년 일본 야마구치현山口県 출생. 1924년 도쿄대학 법학과를 졸업한 후, 철도성鉄道省에 들어가 국장, 그 후 운수성運輸省 차관을 역임했다. 1948년 자유당에 입당하여 다음해 중의원 의원으로 당선되었고, 1952년 건설상에 임명되었으나 이듬해 자유당 간사장을 맡기 위해 사임했다. 1958년 기시 내각에서 재무장관이 되고, 이케다池田 내각의 통산장관 등을 역임하였으며, 1964년 총리 이케다의 뒤를 이어 총리로 임명되었다.

그는 제2차 세계대전 후 일본이 세계 열강으로 재등장한 시기에 내각 총리대신(1964~1972)을 역임, 재임 기간 동안, 핵무기확산금지조약 체결, 오키나와沖繩 반환협정의 조인 등 큰 발자취를 남겼고, 그 공로를 인정받아 1974년 숀 맥브라이드와 함께 노벨 평화상을 받았다.

▶ 후쿠이 겐이치福井謙一: 화학자

　1918년 일본 나라현奈良県 출생. 교토제국대학에서 공업화학을 전공하고 1948년 공학박사가 되었다. 1951년 모교에서 연료화학 교수로 임명되어 실험유기화학분야에서 화학반응이론을 연구했다. 그는 '화학반응의 궤도함수 대칭 해석'이라는 연구로, 1981년 로알드 호프만과 함께 노벨 화학상을 수상했다.
　그의 연구는 우리의 실생활 속에서 화학적 변환과정의 활용을 이론적 개념의 연쇄 발달 과정으로 연결시키는 것으로서 화학반응에 대한 우리의 이해를 증가시켰다.

▶ 도네가와 스스무利根川進: 분자생물학자·면역학자

　1939년 일본 아이치현 나고야名古屋 출생. 교토京都대학 화학과를 졸업한 뒤, 미국 캘리포니아 샌디에이고대학교에서 분자생물학으로 박사학위를 받았다. 1971년 스위스 바젤면역학연구소 주임연구원이 되어 면역에 관한 유전자를 연구한 뒤, 1981년부터 미국의 매사추세츠공과대학에서 생물학을 강의했다. 「다양한 항체생성에 관한 유전학적 원칙」이란 연구논문으로 인체의 면역메커니즘을 밝힘으로써, 인위적으로 몸 안에 필요한 특정 항체의 생성을 가능하게 한 업적으로, 1987년 노벨 생리·의학상을 수상, 일본문화훈장도 받았다.

▶ 오에 겐자부로大江健三郞: 소설가

　1935년 일본 에히메현愛媛県 출생. 도쿄대학 불문학과를 졸업했다. 사르트르, 카뮈 등의 영향을 받아 대학 재학 중에 소설을 발표했고, 〈사육飼育〉으로 아쿠타가와상芥川賞을 수상했다. 1950년대 후반부터 이시하라 신타로와 함께 젊은 세대를 대표하는 작가로 급부상했다.

지적 장애의 아들이 태어난 충격으로 〈개인적인 체험〉을 발표했고, 기형아 출산을 주제로 삼아 인권을 유린당한 전후세대의 문제를 파헤쳐, 1964년 신초샤新潮社 문학상을 수상했으며, 1994년 노벨문학상을 수상했다. 대표작으로는 〈만연원년万延元年의 풋볼〉, 〈히로시마 노트〉 등이 있다.

▶ 시라카와 히데키白川英樹: 화학자

1936년 일본 도쿄 출생. 1961년 도쿄공업대학 화학공학과를 졸업 후, 석사·박사학위를 받았다. 1979년 츠쿠바대학 물질공학계 조교수가 된지 3년만에 교수로 임명, 1999년 퇴직 후 현재 명예교수로 있다.

고분자화학을 전공한 그는 전자기적으로 특이한 성질을 가진 유기 고분자화합물의 합성과 물성에 관한 연구에 전념했고, 미국의 앨런 맥더미드Alan G. MacDiarmid, 앨런 히거Alan J. Heeger와 함께 플라스틱의 전도체화를 위한 공동연구 결과, 1977년 전도성 고분자(플라스틱)를 발명했다. 이러한 공로로 앨런 맥더미드, 앨런 히거와 함께 2000년 노벨화학상을 공동 수상했다. 그 외에 고분자학회상(1983), 고분자과학공적상(2000)을 수상하기도 했다.

▶ 노요리 료지野依良治: 화학자

1938년 일본 효고현兵庫県 고베神戸 출생. 1967년 일본 교토대학京都大學에서 박사 학위를 받았다, 1972년부터 나고야대학名古屋大學 화학과 교수로 재직중 미국의 놀스William Knowles, 샤플리스Barry Sharpless와 함께 광학활성光学活性 촉매를 이용한 광학이성질체光学異性質體 합성법으로 수소화반응과 산화반응을 개발, 유기합성화학 분야 연구에 새로운 지평을 열었다. 이 연구를 더욱 발전시켜 산업화하는데 이바지한 공로로 2001년 놀스, 샤플리스와 함께 노벨화학상을 수상했다. 그 외에 일본학사원상(1994), 문화훈장(2000), 울프 상(2001) 등을 수상했다.

▶ 고시바 마사토시小柴昌俊 : 물리학자

1926년 일본 아이치현愛知県 출생. 도쿄대학 물리학과를 졸업하고 대학원에 진학. 뉴욕의 로체스터대학교에서 물리학 박사 학위를 취득한 뒤, 도쿄대학 교수로 부임해 같은 대학 우주연구소 소장을 거쳐 2002년 현재 명예교수로 있다.

중성미자中性微子(neutrino) 천문학의 창시자로, 역시 중성미자의 존재를 입증한 미국의 천체물리학자 레이먼드 데이비스, 리카르도 지아코니와 함께 "우주에서 날아온 중성미자와 X선을 처음으로 관측하여 우주를 이해하는 새로운 창문을 연" 공로로 2002년 노벨물리학상을 받았다. 니시나상(1987), 아사히상(1988, 1999), 일본 정부 문화장(1988), 일본학술원 학술상(1989), 후지와라상(1997), 울프상(2000)을 비롯한 많은 상을 수상했다.

▶ 다나카 고이치田中耕一: 계측공학자

1959년 일본 도야마현 출생. 1983년 도호쿠대학에서 공학 전공으로 학사학위를 받았다. 같은 해에 교토에 있는 시마즈제작소島津製作所에 입사하여 분석계측기 연구 업무에 전념. 2년에 걸쳐 '연성 레이저 이탈기법(소프트레이저 착탈법)'을 개발해 생물학적 거대분자의 질량을 정확하게 측정할 수 있는 길을 열었다. 이러한 공로로 2002년 미국의 분석화학자 존 B. 펜, 스위스의 고분자생물리학자 쿠르트 뷔트리히와 더불어 노벨 화학상을 공동 수상, 평범한 기업 연구원에서 일약 세계적인 과학자의 반열에 올랐다.

▶ 고바야시 마코토小林誠: 물리학자

1944년 아이치현 나고야名古屋 출생. 나고야 대학 이학부 졸업, 이학 박사(나고야 대학). 전 일본 고에너지가속기 연구기구 교수. 1970년대의 연구성과가 평가된 것이다. 해외유학의 경험이 없이 국내에서만 연구에 몰두해 온 '순수 국내파'다.

▶ 마스카와 도시히데益川敏英: 물리학자

1940년 아이치현 나고야 출생. 나고야 대학 이학부 졸업, 이학 박사(나고야 대학). 전 교토대 교수. 고바야시小林·마스카와益川 이론에 CP 대칭성 파괴의 근원을 발견함으로써 입자물리학에 공헌하였으며, 1970년대의 연구성과가 평가된 것이다. 해외유학의 경험이 없이 국내에서만 연구에 몰두해 온 '순수 국내파'다. 저서로는 『현대의 물질관과 아인슈타인의 꿈』, 『지금 또 하나의 소립자론 입문』 등이 있다.

▶ 난부 요이치로南部陽一郎(미국 국적): 물리학자

1921년 도쿄 출생. 도쿄대학 이학부 졸업, 이학 박사(도쿄대). 전 시카고대 교수.
1970년 49세의 나이에 일본 국적에서 미국 국적으로 변경.
1960년대 연구성과가 평가된 것이다.

▶ 시모무라 오사무下村脩: 화학자

1928년 나가사키현長崎県 출생. 나가사키의대長崎医科大学 부속 약학전문부를 졸업. 이학 박사(나고야 대학) 전 보스턴대 교수. '녹색형

광단백질(GFP)' 발견도 1962년의 연구성과다. 이렇게 독창적인 기초 연구의 성과는 그 가치가 밝혀질 때까지 40년 정도의 긴 시간이 소요된다.

▶ 네기시 에이이치根岸英一: 화학자

1935년 만주국 출생으로 일본의 화학자이며, 퍼듀대학 특별교수이다. 2010년에 팔라듐의 촉매교차를 결합한 네기시 반응을 연구한 공로로 리처드 F. 헥, 스즈키 아키라와 함께 노벨 화학상을 수상했다.

유기 알루미늄 화합물, 유기 지르코늄 화합물을 크로스커플링cross-coupling에 이용할 수 있다는 것도 최초로 보고했다. 또한 2010년 노벨상 수상 공적에 의해 같은 해 문화공로자로 선정됨과 동시에 문화훈장의 수상자로도 선정됐다.

▶ 스즈키 아키라鈴木章: 화학자

1930년 홋카이도 출생으로, 홋카이도대학 이학부 졸업. 일본 화학자로, 홋카이도 대학 명예교수이다. 팔라듐을 매개로 하는 방향족화합물芳香族化合物인 탄소동사를 효율적으로 연결시키는 획기적인 합성법을 고안, 1979년 '스즈키·미야우라 커플링'을 발표, 방향족화합물의 합성법의 하나로 자주 사용되었다. 1979년에 방향족화합물의 합성법으로서 자주 이용되는 반응의 하나인 '스즈키·미야우라 반응'을 발표했다. 금속의 팔라듐을 촉매로서 탄소끼리 효율적으로 연결하는 획기적인 합성법을 개발한 공로를 인정받아 2010년에 리처드 F. 헥, 네기시 에이이치와 함께 노벨 화학상을 수상했다.

▶ 야마나카 신야山中伸弥: 생리학자·의학자

1962년 오사카 출생으로 일본의 의학자이며 줄기세포 연구자이다. 교토 대학 iPS세포연구소소장·교수이다. 2012년에 '성숙하고 특화된 세포들이 인체의 세포조직에서 자라날 수 있는 미성숙 세포로 재프로그램할 수 있다는 것을 발견'한 공로로 존 거든과 함께 노벨 생리학·의학상을 수상했다.

▶ 아카사키 이사무赤崎勇: 반도체공학자

1929년 가고시마현鹿兒島県 출생으로 교토대학 이학부 졸업. 나고야대학 공학박사 일본 반도체공학자로 나고야대학 교수 등을 역임했다. '고광도 청색발광 다이오드 발명'으로 2014년 노벨물리학상을 수상했다.

▶ 아마노 히로시天野浩: 전자공학자

1960년 시즈오카현静岡県 출생. 일본의 전자공학자로 나고야대학대학원 공학연구과 교수, 나고야대학 아카사키기념연구센터장 등을 역임했다. 아카사키 이사무와 함께 세계 최초로 청색 LED에 필요한 고품질 결정 기술의 발명에 성공했다. 이러한 업적으로 2014년에 아카사키 이사무, 나카무라 슈지와 함께 노벨 물리학상을 공동 수상했다.

▶ 가지타 다카아키梶田隆章: 물리학자·천문학자

1959년 사이타마현埼玉県 출생으로 일본의 물리학자이자 천문학자이다. 사이타마현 히가시마츠야마시 출신으로 도쿄대학 특별영예교수, 도쿄대학 우주선연구소장·교수이다.

1996년부터 슈퍼가미오칸데Super-Kamiokande로 대기 뉴트리노

NEUTRINO를 관측하여 뉴트리노가 질량을 가지고 있다는 것을 확인하고, 1998년에 뉴트리노 물리학·우주물리학 국제회의에서 발표됐고, 이듬해 1999년에는 제45회 니시나기념상仁科記念賞을 수상했다.

2015년에는 아서 B. 맥도널드와 함께 노벨 물리학상을 수상했는데 노벨 물리학상 수상 이유는 '뉴트리노가 질량을 가지고 있다는 것을 증명하는 뉴트리노 진동의 발견'이다. 같은 해 노벨 생리학·의학상을 수상한 오무라 사토시와 함께 문화훈장을 받았다.

▶ 오오무라 사토시大村智: 화학자·의학자

1935년 야마나시현山梨県 출생으로 일본의 화학자(천연물화학)로 도쿄이과대학대학원 이학박사, 도쿄대학 약학박사, 기타사토대학 특별영예교수이다.

미생물을 생산하는 유용한 천연유기화합물의 탐색연구를 45년 이상 실시했고, 지금까지 480종이 넘는 신규 화합물을 발견, 그것들에 의해서 감염병 등의 예방과 퇴치, 창약, 생명현상의 해명 또는 발견에 큰 기여를 했다. 또한 화합물의 발견이나 창제, 구조 해석에 대해 새로운 방법을 제창하거나 실현하여 기초부터 응용까지 폭넓고 새로운 연구 영역을 세계에 앞서 개척했다.

2015년 노벨 생리학·의학상 수상자이며, 연구 외에도 사회에 공헌한 업적을 갖고 있으며 문화훈장 등 다수의 훈장을 받았다.

▶ 오오스미 요시노리大隅良典: 생물학자

1945년 후쿠오카현福岡県 출생으로 일본의 생물학자이다. 도쿄공업대학 특임교수·영예교수이며, 도쿄대학 특별영예교수 등을 역임했다. 2016년에 오토파지AUTOPHAGY의 메커니즘을 발견한 공로로 노벨 생리학·의학상을 수상했다.

▶ 혼조 타스쿠本庶佑: 생리학자·의학자

　1942년 교토京都 출생으로 일본의 의사, 의학자(의화학·분자면역학)이다. 교토대학 의학박사로 교토대학 명예교수, 공익재단법인 첨단의료진흥재단 이사장, 후지노쿠니 지역의료지원센터 이사장 등을 역임했으며, 문화공로자, 문화훈장 수훈자이다.

　세계 최초로 활성화 유도 사이티딘데아미나아제를 발견한 것으로도 알려졌다. 이어 면역항암요법을 개발하면서 후에 면역조절항암제인 니볼루맙의 개발로 이어졌다. 이러한 업적을 인정받아 일본 학사원 회원과 문화공로자로도 선정됐고 2013년에는 문화훈장을 수여했다.

　2018년에는 음성적 면역조절 억제에 의한 암 치료법을 발견한 공로로 제임스 P. 앨리슨과 함께 노벨 생리학·의학상을 수상했다.

제8장

일본 속의 재일코리안

일본사회와 재일코리안

　재일코리안이란 어떤 사람들인가? 젊은 대학생들에게 질문은 던져보면 생각해 본적도 없는 질문에 당황스러워하며 추측하여 '일본인' '북한사람' 등의 의외의 대답과 '일본에 사는 한국인'이라고 추측하면서도 왜 그들이 거기서 살게 되었는지 확신 없는 대답을 한다.
　그러면 재일코리안은 과연 어떤 사람들인가? 저자는 재일코리안의 정의를 1910년 이전에 일본에 거주한 사람들의 가족과 후손, 그리고 1910년 8월 22일의 '한일병합조약'으로 부터 일본이 패전한 1945년 8월 15일까지 일본에 거주한 그 가족과 후손을 가리킨다. 호칭으로는 일본에서는 '재일조선인' '재일한국·조선인' '재일코리안' 등이 있다. '재일코리안'은 1980년대 후반대부터 자주 사용되고 있다. 재일코리안이라는 용어는 남과 북을 평등하게 다 포함한 용어로 선호되고 있다. 한국에서는 '재일동포'와 '재일교포'를 사용했지만, 최근에 들어와서는 '재일코리안'이라는 용어로 사용하는 추세이다. 재일코리안의 국적은 '한국적(민단계)' '조선적(조총련계)' '일본적'으로 나누어지나, 저자는 모든 국적을 포함하여 재일코리안으로 총칭한다.
　재일코리안의 역사를 제2차 세계대전 이전과 이후로 나눠서 간단히 살펴보기로 한다.

제2차 세계대전 이전의 역사

재일코리안 형성 과정에 관해서 4개의 시기로 나눠 볼 수 있다.

해방 이전 재일코리안 형성 역사

시기 구분	일제강점기 이전	일제강점기			
		유치기		억제기	강제징용기
		전기	후기		
시기	~1909	1910~1919	1920~1925	1926~1938	1939~1945
특징	거주불인정	한일강제합병	산미증식계획	만주사변	국가총동원법

주: 朴在一(1979)과 杉原達(1991)를 바탕으로 필자가 정리 작성.

첫 번째 시기(1909년 이전)는 한일강제합병 이전으로 조선인은 외국인 노동자로, 일본 거주가 원칙적으로 인정되지 않은 시기이다.

두 번째 시기(1910~1925, 유치기)는 전기와 후기로 세분된다. 전기(1910~1919)는 1910년 한일강제합병으로 인해 법적으로 조선인의 일본 입국은 자유롭게 됐지만 실제로 일본으로 건너간 조선인은 많지 않았다. 따라서 노동인구가 부족한 일본 기업이 조선 노동자를 모집하게 되었다. 1919년까지 거주 인구는 3만 6천 명이고, 남성 단신의 이주가 주였다. 후기(1920~1925)가 되면 1918년 미국 파동으로 상징되는 일본의 식량 위기상황을 극복하기 위해 1920년에 조선총독부가 내놓은 산미증식계획으로, 조선 농촌사회에서 이동하는 인구는 급증하는 상황이 되었다. 그 결과 1925년에 18만 7천 명에 이른다.

세 번째 시기(1926~1938, 억제기)는 1926년부터 산미증식계획이 실시되기 시작하여 조선농가에서 살기 힘들게 되어, 일본에 건너가는 사람이 많았다. 1931년 만주사변을 거쳐 국가총동원법 시행직전까지 거주인구의 변화는 1930년 약 41만 명에서 1938년 약 88만 명으로 급증했다.

네 번째 시기(1939~1945, 강제징용기)는 1938년 국가총동원법 및 1939년 국민징용령을 받아 이른바 강제연행이 열린 시기로 거주인구의 연평균 증가 수는 20만 명이 넘는 방대한 것으로, 1945년에는 약 210만 명에 이른다.

제2차 세계대전 이후의 역사

1945년 일본의 패전당시 재일코리안은 약 210만 명에 달했다. 그 중 본국에 많은 사람들이 귀국했지만 여러 사정으로 남은 사람도 많았다. 이 사람들과 후손이 남아 일본에 정착하게 되어, 전후의 인구는 60만 명 안팎을 지속하고 있었다.

1952년 샌프란시스코 강화조약이 발효, 재일코리안은 일률적으로 일본국적을 상실하고 외국인등록법에 의해 역사적인 특수 조건을 무시하고 일반 외국인과 마찬가지의 적용을 받게 되었다. 즉, 일본에서 약 반세기 살았던 재일코리안과 그 자손은 위상이 변화하고 외국인으로 처우 받게 된 것이다. 그 결과, 각종 제도적 제한, 차별이 생겨났다. 동화·억압 정책은 근본적으로 바뀌지 않고, 일본인의 재일코리안 멸시와 차별은 끊이지 않았다. 일본 국적을 가지고 있지 않기 때문에 법적 문제·참정권 문제·고용·생활 등의 차별을 안고 있다. 따라서 재일코리안은 차별에 저항하며 생활하는 사람도 많지만, 그 불이익을 피하기 위해 일본 국적으로 귀화하는 사람도 점차 늘어나고 있는 상황이다.

재일코리안 형성과정

재일코리안 형성과정은 재일코리안의 인구가 많은 지역과, 근대

공업지대형성과정에서 노동자로서 모집되거나, 강제연행에 의해서 일본에 건너온 재일코리안, 혹은 그 자손들이 많고, 공업지대에서 일했던 재일코리안이 많았던 두 지역, 오사카시大阪市와 가와사키시川崎市를 중심으로 보도록 한다.

▶ 오사카시 제2차 세계대전 전후의 밀집지역 형성과 현황

　오사카시 재일코리안 노동자의 등장은 1910년 이전 거의 보이지 않았고, 급격히 증가한 것은 한일강제병합 이후이다. 1911년 셋츠攝津방직공장을 시작으로 처음에는 자진 이주하려는 것이었지만 대부분은 기업의 권유와 모집에 의해서 왔다. 1920년대 들어와서 입국이 촉진된 요인으로, 한신阪神공업지대의 중요한 거점인 오사카 공업도시화를 들 수 있다. 따라서 노동력 공급이 요구되고 토목 건설, 섬유산업을 비롯한 소규모 공업에서 재일코리아 노동자가 몰려 들어왔다. 또한 한신공업지대는 저임금 노동자를 찾아 오사카방직 등이 제주도에 들어가서 직공 모집 등을 실시했다. 한편 제주도 사람들에게도 경제상에 절실한 요구, 즉 수입 확보가 필요했었다. 오사카 측의 노동력 수요와 제주도민 측의 입국 희망을 연결하는 것으로, 제주도 도청에 의한 일정한 도항장려정책이 지적된다. 1923년 제주도-오사카 간의 직항로 개설을 계기로 오사카에 도항이 매우 쉽게 되었다. 그 결과 1934년 당시 재일코리안 인구는 53만 8천 명으로, 그 중 오사카 거주 재일코리안은 17만 1천 명으로, 약 32%가 오사카에 있었던 것을 알 수가 있다.

　특히, 오사카에서도 이쿠노구生野区에 재일코리안이 가장 밀집되어 있다. 이쿠노(구, 猪飼野)에 언제부터 재일코리안이 형성되었는가 하면 히라노강平野川개수공사에 종사했던 재일코리안이 이쿠노구에

살기 시작하면서부터이다. 이쿠노구는 다이쇼大正말기, 3~4만 명의 재일코리안이 거주했는데, 이것은 히라노운하공사를 위해 수많은 노동자로 모인 것이 기원이 되었고, 공사완료 후에도 운하를 따라서 이쿠노일대에 살기 시작했다. 또한 1923년 제주도-오사카 항로 개설을 계기로 인구는 급증했다. 제주도에 직접 가서 노동자 모집에 나선 것은 간사이방적関西紡績, 방직紡織, 조선造船, 제강製鋼 관련기업이었다. 그 대부분이 가장 하층 노동자로, 이쿠노구 주변에 살기 시작한 것이다.

현재 오사카에서 재일코리안 인구(2022년 기준)는 9만 4천 명 정도로 일본에서 가장 많은 지역이다. 이쿠노구만으로 오사카에 거주하는 재일코리안 인구의 약 40%가 밀집되어있다.

▶ 가와사키시 제2차 세계대전 전후의 밀집지역 형성과 현황

가와사키에는 현재 약 9천 명의 재일코리안이 거주하고, 그 절반 이상이 게이힌京浜공업지역에 속하는 남부지역에 집중되어있다. 재일코리안의 가와사키로 이주는 1910년대부터 시작되어 게이힌京浜공업지대의 발달과 1924년 시의 정책이 시행된 가와사키시의 발전과 겹쳐 있다.

1910년 이후, 가와사키시 남부에는 일본강관日本鋼管을 비롯해 후지방적富士紡績, 스즈키鈴木상점(현, 味の素), 도쿄東京전기(현, Toshiba)의 공장진출에 이어, 1917년에는 아사노浅野시멘트(현, 第一セメント)가 다지마田島마을에 공장을 건설했다. 1919년, 다마가와多摩川에서 채취한 자갈을 운반하기 위해서 다마가와자갈철도(주)가 설립되었고, 이 시기에 다마가와 자갈 채취인부로 재일코리안이 일하고 있었다. 즉, 가와사키시의 재일코리안은 게이힌공업지역 창조기 시절부터 거주했

고, 공장 건설을 위한 인부나 건설노동자로 일하고 있었기 때문이다.

1923년에 관동대지진이 발생 가와사키지역에도 지진방지 재건사업에 따른 대규모 인력 수요가 발생, 1931년 만주사변발발에 의한 군수생산의 증대와 함께 더 많은 노동자가 필요로 했다. 1939년에 강제연행이 시작되자, 일본강관은 현재 이케가미초池上町 일대를 인수하고, 군수공장(현, 京浜製鐵所六管工場) 건설에 착수했다. 따라서 노동자로서 재일코리안이 집중적으로 증가했고, 전쟁 말기에는 수천 명에서 1만 명의 재일코리안이 이 지역에서 노동했다고 짐작되고 있다. 1945년 일본의 패전은 재일코리안에게는 해방이었고, 징용이라는 이름으로 강제연행 되어온 사람의 대다수가 단신이어서 가족을 기다리는 조국으로 돌아갔다. 하지만 여러가지 사정으로 남게된 재일코리안도 있었다.

현재 가와사키시 재일코리안 인구는 가와사키구에 집중되어 있다. 그 이유로 가와사키구는 공장지대이고, 모집 또는 강제연행에 의한 재일코리안 노동자가 많이 분포하고 있었기 때문이다. 그 중에는 한국으로 돌아간 사람도 있지만 나머지 사람들은 이 지역에 정착하게 되었다. 또 남은 사람과 같은 고향사람들이 이곳에 모인 것으로 추측할 수 있다.

재일코리안 인구와 출신지

일본의 도도부현都道府県에 있어서 재일코리안의 인구를 보면 일본 전국에 분산되어 거주하고 있다. 특히, 서일본 지역에 재일코리안의 인구가 많다. 도도부현에서는 오사카부大阪府가 가장 많고, 다음으로 많은 지역은 동경도東京都, 그리고 효고현兵庫県, 아이치현愛知県, 교토부京都府, 가나가와현神奈川県 순이었다. 오사카부(2022년 기준)는 약 9만 4천 명 정도로 재일코리안 총인구의 25%를 차지하고 있다.

재일코리안의 본국에 있어서의 출신지에 관해서는 경상남도와 경상북도를 합친 경상도가 50%로 가장 많고, 다음으로 제주도가 17%, 서울을 포함한 경기도가 14%, 전라남도와 전라북도를 합친 전라도가 9%순으로 기타를 제외한 남한출신이 전체의 98%를 차지하고 있다. 북한 출신은 0.5%에 불과했다(2005년 기준). 하지만 우리는 흔히 재일코리안의 조총련계 출신지는 다 북한이라고 생각하는데 그것은 잘못된 생각이다.

출신지 중에서 경상도가 가장 많고, 다음으로 제주도가 많다. 이러한 이유로 두 지역은 지리적으로 일본에 가까운 것을 들 수 있다. 또 하나는 이 지역과 일본을 연결하는 1923년 제주도-오사카 간의 직행항로와 부산-시모노세키下関 간의 직행항로의 개설을 계기로 경상도와 제주도 출신들이 일본으로의 도항이 매우 쉽게 되어 이 두 지역 출신자들이 많은 것은 당연한 일이다.

재일코리안의 직업

재일코리안은 사회적 차별 속에서 직업을 선택하는 데도 어려움이 많았다. 유학시절 알게 된 재일코리안 한 분은 교토京都 대학 경제학과, 소위 일류대학을 졸업했는데도 취직을 하지 못해, 어쩔 수 없이 자영업(토목 건축업)을 하고 있다고 했다.

이와 같이 재일코리안의 직업 중 자영업이 특히 많은 것은 고용해 주는 일본기업이 없었기 때문으로, 겨우겨우 먹고 살기 위해 선택한 소규모 영세업이다. 일반적으로 일본사람들이 하지 않는 직업으로

파칭코パチンコ점, 불고기집燒肉屋 등 식당경영, 고철 수집 및 판매업, 토목건축업, 운수업 등에 종사하는 사람이 비교적 많다. 그 외에 가수, 배우, 운동선수, 소설가, 영화감독 등 자유업에 종사하는 재일코리안들의 활약도 눈부시다. 최근, 재일코리안의 취직상황은 많이 나아졌다. 70년대에 있었던 취직차별 소송이 하나의 전환점이 되었다. 히타치日立 회사에 입사한 재일코리안이 차별 대우를 받아 소송을 일으킨 것이다. 그 후로 취직차별이 완전히 없어진 것은 아니지만, 법적 지위 문제에서의 차별의 완화와 더불어 직업 선택과 경제활동의 폭도 넓어지고 있다.

재일코리안의 법적 지위 문제

제2차 세계대전 후, 연합국의 점령 하에 놓인 일본은 무정부상태가 계속되어 일본에 남게 된 230만 명의 재일코리안들은 법적 보장 면에서 매우 불안한 위치에 놓이게 되었다. 연합국사령부(GHQ)는 처음에는 재일코리안을 해방국민으로 대우하였으나, 1947년 5월에는 외국인 등록령을 발령하여 재일코리안의 국적을 외국인, 즉 조선으로 등록시켰다. 이에 샌프란시스코 평화조약이 발효(1952.4.28.)되자 재일코리안의 법적 지위 문제는 한일회담개최의 중요한 의제의 하나로 부상하였으며 제1차~7차에 걸친 회담을 통해서도 진전을 거의 보지 못했다.

1965년 6월 22일 국교정상화에 따라 협정서에 '대한민국 국민이 일본의 사회질서 아래 안정된 생활을 영위할 수 있도록 하는 것이 양국 간의 우호증진에 기여한다'라고 하는 기본정신을 명시하였다. 그리하여 국교정상화에 따른 '대한민국과 일본국 간의 일본국에 거주하는 대한민국 국민의 법적지위 및 대우에 관한 협정'을 통하여 재일코리안 사회에는 커다란 변화가 일어나기 시작했다.

그러나 이 협정의 제4조에는 재일코리안의 의무교육, 생활보호, 국민건강보험 등 3항목이 명기되어 있으나, 실제로 재일코리안의 법적 지위협정은 사문화하여 기본적 권익이 지켜지지 않았다. 더욱이 일본 정부는 복지제도에 국적조항을 만들어 넣어 재일코리안에 대해서는 협정조약에 없다는 이유를 구실로 사회복지제도도 적용대상에서 완전히 배제하였다.

이와 같이 재일코리안에 대한 법적차별 문제가 대두된 것은 비단 어제 오늘의 일이 아니다. 그간 일본 정부의 외국인에 대한 법적차별은 재일코리안들의 줄기찬 차별철폐운동과 우리 정부의 외교노력에 힘입어 개선되고 있으나 아직도 많은 부분에서 지속되고 있다.

1974년 히타치 제작소 취업차별재판의 승소를 시작으로 1977년 사법연수생이 처음으로 채용되었고, 1982년에는 국공립대학 교수임용 법안이 성립되었다. 같은 해에 국민연금법, 아동수당법 등의 국적조항이 철폐되었으나, 고령자의 연금수혜는 아직까지 차별로 남아 있다. 1991년 11월 특례법 제정으로 전쟁 전부터 체류하고 있는 재일코리안 및 그 자손들은 특별영주자의 자격을 갖게 되었다. 그리고 국공립 교원채용시험에서 전국적 규모로 국적조항이 철폐되었으나, 채용자격은 상근 강사로 한정했다. 1992년 외국인등록법이 개정되어 대표적인 차별제도인 지문날인제도는 완전히 철폐되었으나, 외국인 등록증 상시휴대, 재입국 허가제도 및 공무원의 관리직 승진, 임용제한 등 실생활 관련 차별제도를 유지하고 있어 외국인 요구수준에는 미흡한 실정이다.

또한 재일코리안들은 일본인과 같이 세금을 내면서도 국적조항에

묶여 지방선거 참정권이 없다는 것은 일본사회가 여전히 재일코리안를 차별하고 있다는 단적인 증거임에 틀림없다.

재일코리안이 일본에서 태어나 일본에서 생활하고 있는 영주외국인임에도 불구하고 지방선거권을 행사할 수 없는 것은 위헌이라는 소송에서 1995년 최고재판소에서는 법률로써 지방선거권을 부여하는 조치를 강구하는 것은 헌법상 금지되어 있지 않으며, 그러한 조치를 마련할지 여부는 국가의 입법정책에 관한 사항으로 입법재량에 해당한다고 하였다. 이와 관련해 김대중 대통령은 방일 때 재일코리안에게 참정권을 달라고 요청해 일본 정부로부터 긍정적으로 검토해 보겠다는 답변을 얻어낸 바 있다. 또한 2000년 8월에 일본을 방문한 김종필 한·일의원연맹회장도 외국인지방참정권 법안을 조기에 통과시켜 달라고 일본 정부에 요청한 바 있다. 2000년에 접어들어 지방자치단체의 참정권 문제는 크게 진전된 듯 보였다. 이에 일본 정부는 2000년 9월 중에 소집되는 임시국회에서 재일코리안 등 외국인에게 지방참정권을 부여하는 법안을 통과시킬 방침이라고 밝혔으나 아직까지도 이 법안은 통과되지 않은 상태이다. 이것은 지방자치단체, 일반다수 여론 및 진보는 정주외국인에게 지방차치단체의 참정권을 부여하는 것에 찬성하지만, 보수파들이 강하게 반대하고 있기 때문이다. 법안의 주요 내용은 20세 이상자로 같은 시市·마치町·무라村에 3개월 이상 거주하고 있는 영주외국인에게 도도부현都道府縣과 시市·마치町·무라村의 자치단체장과 의원 선거의 선거권을 주도록 하고 있다.

최근의 정주외국인의 지방참정권 관련 움직임을 보면, 주민투표에 영주외국인의 참여가 나타나고 있다. 2002년 9월 29일 아키타현秋田縣 이와기초岩城町는 두 마을 합병에 관한 의사를 묻는 주민투표를 실시했는데 투표자격자 속에 영주외국인이 포함되었다. 또한, 2002

년 9월 20일 오사카부大阪府 다카이시시高石市가 시市·마치町·무라村 합병의 찬반을 묻는 주민투표에서 영주외국인이 배제되었으나 민단의 요청으로 시가 받아들여 영주외국인이 다시 투표할 수 있게 되었다. 사이타마현埼玉県 이와츠키시岩槻市에서는 주민투표 자격을 변경한 사례로, 조례를 개정하여 영주외국인에게 주민 투표권을 인정했다. 도쿄도東京都 스기나미구杉並区에서는 영주외국인의 주민투표권과 주민투표 청구자격을 포함한 '자치기본조례'가 2003년 5월 1일부터 시행되었다. 이것은 스기나미구 주민 등의 구정区政참여 기회 확충을 기하는 것이 목적이고 도쿄도에서는 처음 있는 시도이다. 영주외국인이 시정市政에 직접 참여할 수 있는 주민투표 조례를 제정한 지자체가 2003년 7월 25일 조례를 가결한 오카야마현岡山県 마니와군眞庭郡 가와카미무라川上村를 포함하여 일본 전국에 52곳이나 되었다.

이것은 민단과 정주외국인들의 적극적인 활동으로 지방자치제에서의 주민투표권이 정주외국인에게 부여되고 있는 것으로 정주외국인 지방참정권과 관련해, 차츰 긍정적으로 변화하는 단계로 볼 수가 있다. 앞으로는 투표건이 아닌 피선거권까지 포함한 정주외국인 참정권 요구운동이 더 절실히 필요하다.

2009년 입관법, 입관특례법, 주민기본 대장법의 개정으로 2012년 7월에는 외국인등록법 폐지, 외국인 주민표 제도 창설, 재류카드제 등이 시행 될 예정이다.

재일코리안은 일본의 식민지 정책에 따라서 본인의 의사보다는 강제연행에 의해서 부득이하게 일본에 건너온 사람들과 그 후손들이 대다수이다. 이들은 일반 외국인과 다르게 식민지 이후 1세기가 넘도록 일본인과 함께 생활해 왔고, 앞으로도 함께 공생할 사람들로 일본인과 동등하게 기본적 인권이 보장되어야 한다고 생각된다.

재일코리안의 코리아타운과 민족축제

재일코리안 생활을 중심으로 한 오사카시 이쿠노구 미유키모리 상점가御幸森商店街와 코리아타운은 제2차 세계대전부터 존재하였다. 재일코리아의 형성과정에서 본 바와 같이 이 지역은 오사카 공업도시화로 인해 저임금 노동자가 필요했던 시기로 그때 모집된 노동자와 히라로 강 개수공사에서 종사했던 재일코리안을 위해서 만들어진 것이다. 현재 위치는 당시의 코리아타운 옆에 위치하고 있다.

1980년대부터 상점주를 중심으로 상점가의 활성화를 목표로 노력하고 있다. 또한, 코리아타운 구상을 발표, 지역의 특성을 살려 민족적인 마을 만들기를 목표로 활동해, 1988년 오사카시에서도 협력을 받아 코리아타운 구상을 실현시켰다.

코리아타운 입구

원 코리아 페스티발

오사카시 이쿠노구生野区에 위치한 코리아타운은 들어가는 입구에 'KOREA TOWN'이라고 새겨진 아치가 있다. 그 길에 한국·조선계의 상점이 50개도 넘게 밀집되어 있다. 상점은 대부분이 한국·조선 식품점이 가장 많고, 좀 더 전문화되어 내장·족발만을 전문으로 파는 가게도 있고, 전통 한복집, 생선가게, 떡집 등, 마치 한국 시장과 같이 전문화되어 있어, 한국에 와 있는 듯한 느낌을 준다. 이 지역은 재일 코리안이 가장 밀집되어 있는 지역으로 판매대상의 80%가 재일코리안이었다. 일본에서 재일코리안이 차별받아온 만큼, 이 지역 일본인이 아닌 외부 일본인의 왕래는 그다지 많지 않던 지역이었다. 하지만, 2003년 한류 붐 이후 일본인의 한국·한국인·재일코리안에 대한 이미지가 긍정적으로 변했고, 한국, 한국문화에 관심이 많아진 일본인의 왕래가 잦아지면서 이 코리안 타운에도 많은 변화가 있다. 전통 한국문화 체험실, 한국어 강좌 등 일본인 상대의 상점들이 많이 늘어나는 추세이다.

이쿠노민족문화제生野民族文化祭

재일코리안 축제가 본격적으로 생기기 시작한 것은 1980년대 초반부터이다. 일본에서 최초로 생긴 것은 1983년 오사카시에서 개최된 이쿠노민족문화제生野民族文化祭이다. 이것을 계기로 1990년대 이후 '○○마당'이라는 축제가 관서지방(교토, 오사카, 고베)을 중심으로 생겨났으며, 가와사키, 나고야, 후쿠오카 등 전국 각지에서 개최되었다. 이들 축제는 각각의 지역 안에서 지역사람들의 요청에 자발적으로 만들어진 점이 특징이라고 할 수 있다.

재일코리안에 있어서 축제는 일본사회의 혹독한 차별과 억압으로부터 한을 푸념할 수 있는 장소이자, 민족문화를 접하고 계승하며, 민족적 자각을 일깨우는 역할을 하고 있다.

오사카시 이쿠노구 코리아타운에서 개최되는 이쿠노 민족 문화제는 농악퍼레이드에 이어 다양한 행사가 이루어진다. 풍물놀이(농악, 탈춤), 민속놀이(윷놀이, 팽이, 공기, 장기), 놀이대회(씨름, 닭싸움, 널뛰기), 노래자랑, 마당극과 먹거리 가게가 즐비하게 늘어서게 된다. 재일코리안 초등학생들의 풍물놀이 연주를 보면, 저자는 한없이 마음이 아팠고, 그들이 너무 대견스러웠다. 우리나라에서조차 우리 전통문화인 풍물놀이가 많이 등한시 되어 지금의 아이들은 크게 관심을 갖지 못하는 실정이다. 하지만, 먼 타국에서 일본의 많은 차별 속에서도 본인들의 전통문화라고 고수하고 전승해 나가는 그들이 자랑스러웠고 우리는 항상 그들이 우리 민족이라는 것을 잊지 말고 기억해 줘야 한다는 생각이 든다.

일본사회 속 작은 남북한

1945년 8월 15일 한국해방 후 일본에 남은 약 200만 명의 동포는 전국각지에서 자치단체를 조직, 1945년 10월에 결성된 것이 '재일조선인연맹在日朝鮮人連盟(이하, 조련朝連)'이다. 그러나 조련은 좌파인사로 대중단체와는 다른 방향으로 진행되어, 사상적으로 치우치지 않는 대중조직을 생각한 청년들은 1945년 11월 16일 동경에서 '조선건국촉진청년동맹朝鮮建国促進青年同盟(건청建青)'을 결성하였다. 그리고 1946년 1월 20일에는 '신조선건설동맹新朝鮮建設同盟(건동建同)'을 결성해, 이 두 단체를 주축으로 20여 개의 민주세력을 결합한 것이 재일본대한민국민단在日本大韓民国民団(한국민단)이다. 즉, 일본사회 속의 작은 남북한으로 짐작해 볼 수 있다.

민단(재일본대한민국민단)

재일본대한민국민단(한국민단)은 1946년 10월 3일 도쿄히비야공회당東京日比谷公会堂에서 전국에서 약 2,000명이 집결해 '재일본조선거류민단(이하, 민단)을 결성했다. 1948년 재일본대한민국거류민단으로 개칭, 재일코리안의 공인단체로써 정식으로 한국 정부로부터 인정받았다. 1994년 4월 20일 재일본대한민국민단으로 개칭하였다. 중앙본부는 도쿄도東京都 미나토구港区에 위치하고 있다.

민단은 대한민국 정부가 공인한 재일코리안단체로, 재일코리안의 권익옹호, 경제발전, 문화향상, 나아가 대한민국 국시를 준수하고 일본지역사회 발전, 국제친선을 도모하는 역할을 한다.

민단의 산하단체로는 재일대한민국부인회, 재일학도의용군동지회, 재일본대한체육회, 재일한국상공회의소, 재일본대한민국청년회, 재일본대한민국학생회, 재일한국과학기술자협회, 재일한국인법조포럼, 학교법인으로 백두학원, 금강학원, 동경한국학원, 교토한국학원이 있다.

조총련(재일본조선인연합회)

재일본조선인연합회는 북조선(조선민주주의인민공화국)을 '조선인민의 진정한 정권으로 지지하고 있는' 재일조선인 단체로 약칭은 조선조총련 내지 소총련이지만, 일본 매스미디어에서는 조선조총련이라고 표기하는 것이 일반적이다. 일본 민법상 법인격이 없는 권리능력 없는 사단에 해당하며, 중앙 본부는 도쿄도東京都 치요다구千代田区에 소재하고 있다.

1945년 10월 15일 창립한 재일본조선인연맹(조련), 이후 재일조선통일민주전선(민선)을 거쳐, 1955년 5월에 도쿄아사쿠사공회당에서 개최된 결성 대회에 의해 창립되었다. 북한 정부의 위임에 따라 재일코리안에 대한 여권 발급 업무도 하고 있으며 일본과 북한의 국교가 없는 가운데 사실상의 대사관 기능 역할을 하고 있다.

스스로를 '일본에 거주하는 각계의 동포와 단체로 구성된 연합체'라고 정의하고 있으며, 조선대학교 외 각급 민족학교 운영에도 종사하고 있다. 활동 원칙으로서 '주체성의 원칙, 민족성 고수 원칙, 동포를 위해 복무하는 원칙, 민주주의 중앙집권제의 원칙, 내정 불간섭의 원칙'을 내세운다.

전성기 때는 수십만 명 규모의 조직이었으나, 현재는 대략 7만 명까지 축소되었다(2016년 2월 기준). 각 도도부현都道府県에 지방본부를 두고 있으며 산하에 재일본조선상공연합회, 재일본조선청년동맹, 재일본조선청년상공회 등의 중앙단체와 조선통신사, 학우서방, 금강산가극단 등 많은 사업체를 두고 있다. 기관지는 조선신보사가 발행하는 조선신보·공안조사청으로부터 '파괴활동 방지법'에 의거한 조사 대상 단체로 지정되어 있다.

민단과 조총련의 역사 및 화해와 철회

민단과 조총련의 사건

년	월	주요내용
1945	10	도쿄 신주쿠구 토츠카에 '국어 강습소'(민족학교의 전신)이 세워짐
		재일본조선인연맹(조련) 결성
	11	조선건국촉진청년동맹(건청) 결성
1946	10	재일본조선거류민단(민단) 결성
1948	8	대한민국 수립
	9	조선민주주의인민공화국 수립
	10	민단이 재일본대한민국거류민단으로 개칭
1951	1	재일조선통일민주전선(민선) 결성
1955	5	재일본조선인총연합회(조총련) 결성
1958	11	재일조선인 귀국협력회 결성
1959	2	민단 '북한송환 반대 투쟁위원회' 결성
	8	재일조선인 귀국을 위한 북·일 적십자 협정 조인
	12	제1차 귀국선, 238세대 975명을 태워 청진을 향해 니이가타를 출발(187차에 걸쳐 9만 3,300명이 귀국)
1966	1	재일한국인의 협정 영주 신청, 접수 개시

1972	7	통일에 관한 남북공동성명 발표
1975	4	민단 주도의 '조총련계 동포 모국 방문단 사업' 개시
1979	8	조총련 주도의 '단기 조국 방문단' 개시
1991	4	제41회 세계 탁구 선수권대회, 치바 마쿠하리에서 개최 민단과 조총련이 남북 탁구 단일팀을 공동 응원
1994	4	민단이 재일본대한민국민단으로 개칭
2006	5	한국민단과 조선조총련이 화해를 위한 6개조항 합의 공동 성명을 발표
	7	한국민단, 북한의 미사일 발사(7월 5일)를 이유로 조총련과의 화해를 향한 '공동성명'의 백지 철회를 발표

출처: 재일한인역사자료관(http://www.j-koreans.org/table/100nen_04.html)

　　1945년 8월 15일 한국해방 이후 일본에 남은 재일코리안은 지금의 한반도와 같이 정치적인 이념이 다른 민단과 조총련으로 나뉘어졌다.

　　민단은 1945년 10월 재일본조선인 연맹(조련)이 좌파 쪽으로 치우치자 11월 조선건국촉진청년동맹(건청)을 결성하여 1948년 재일본대한민국거류민단으로 개칭되었다.

　　조총련은 1945년 10월 재일본조선인 연맹(조련)에서 1951년 재일조선통일민주전선(민선)을 거쳐 1955년 재일본조선인총연합회(조총련)으로 창립되었다.

　　민단과 조총련은 각자의 길은 가고 있었으나, 1959년 8월 북측의 재일조선인 귀환협정에 의한 북송획책에 대해서 민단은 전 조직을 동원해 저지운동을 전개했다. 이것은 같은민족이라는 생각에 잘못된 것을 알려주고 도와주고 싶은 마음에서 나오는 것이다.

　　1965년 한일협정 이후 재일코리안(조선적 제외)은 협정영주권을 신청할수 있어 민단이 앞장서서 추진하였다. 1972년 한국과 북한과의 7.4남북공동성명이후 1975년 민단주도로 조총련계 동포 성묘모국 방문단 사업'을 개시하였다. 이 사업은 사상과 이념, 제도의 차이를 넘어 민족애와 인도적 정신에 기초해 정치적 성향과 관계없이 조총련계 동포들에게 성묘의 기회를 제공한다는 취지였다. 1991년 제41회 세계탁구선수권대회에서 민단과 조총련이 남북탁구 단일팀을 공동으로 응원하는 하나가 되기도 하였다. 이러한 사건들이 거듭되면서 2006년 5월 한국민단과 조선조총련이 화해를 위한 공동성명을 발표하면서 화해의 길을 걷는가 했으나, 동년 7월 북한의 미사일발사를 이유로 조총련과의 화해를 향한 공동성명이 백지화 되었다.

민단과 조총련의 역사를 보면 정치적 이념과 사상의 차이로 한반도의 남북한과 같이 일본사회에서의 작은 남북한을 연상시킨다. 하지만 재일코리안의 경우는 타국에서 같이 살아가는 같은 민족으로 역사적으로 일본사회에서 다같이 혹독한 차별을 겪은 당사자로써 공생사회만을 목표로 서로 돕고 협조한다면 가장 빨리 가까워 질 수 있는 집단이다. 조선국적을 가진 재일코리안의 많은 사람들은 북측의 사상에 동조해서 조신국적이 아니라, 한반도가 남북으로 나누어지기 전 조선이었기 때문에 조선국적을 유지하는 사람들이 대부분이다.

재일코리안과 한국사회

재일코리안과 한국과의 관계에서 재일코리안 입장에서 한국에 대한 기여도를 중심으로 보고자 한다.

재일코리안이 일본사회에서 많은 시련과 역경을 극복하면서 정착하는 과정에서 그들도 힘들지만 한국에 대한 애정은 한 순간도 잊지 않고 있다. 한국에 대한 지원을 보면 1950년 한국전쟁 때 조국방위를 위해서 '재일학도의용군'이 조국을 위해 참전하였다. 1964년 도쿄올림픽에서 '재일한국인후원회'를 결성하여 한국선수단 수용과 경기 응원 등 물심양면으로 지원하였고, 1973년 한국의 새마을운동에 발맞춘 '60만 새마음 심기운동'에서 한국산에 묘목심기 등 향토취락과 자매결연을 맺었다.

1988년 서울올림픽 개최를 위해 재일한국인후원회는 100억 엔 이상 성금을 모아 올림픽 성공에 기여하였으며, 1997년 IMF 한국금융위기 때 민단은 동포 1가구당 10만 엔 이상의 외화송금운동을 시작하여 금융위기 극복에 힘썼다.

또한 2002년 한일월드컵 공동주최에 민단은 '재일코리안후원회'를 중심으로 1억 엔이 넘는 성금을 모아 한일 양국 조직위원회에 전달, 사상 처음으로 조총련 동포와 공동참관단을 구성해 모국 땅에서 한국민과 하나가 되어 응원함으로써 재일코리안 화합 분위기의 계기를 조성한 큰 역할을 하였다. 그 이외에도 한국 재해 등에 2002년 여름

태풍 피해에 약 4,000만 엔, 2003년 2월 대구지하철 화재 참사 약 1,800만 엔, 2003년 여름 태풍 매미에 4,000만 엔의 성금을 수재민에게 전달하는 등 본국 동포들과 슬픔을 같이 하는 데 노력을 기울이고 있다. 재일코리안은 한국을 모국으로써 물심양면으로 지원해 오고 있으며 한국에서의 그들의 역할은 컸다고 판단된다. 한국사회도 우리 국민들도 그들의 역할을 정확히 알고 우리도 그들을 물심양면으로 지원해야 할 것이다.

제9장

한일관계와 한일 대학생의 상대문화 인식

한국 대학생이 바라보는 일본문화

'가깝고도 먼 나라'라는 표현은 한일관계를 설명할때 자주 사용되는 관용구로, 두 나라가 지리적으로는 가까우면서도 역사적·문화적으로는 여러 차이와 복잡한 감정을 지니 이웃이라는 점을 잘 드러내는 말이다.

1998년 '21세기의 새로운 한일파트너십 공동선언', 즉 일명 김대중-오부치 공동선언은 1965년 한일국교정상화 이후 최고의 한일관계 개선 방안으로 회자되고 있다. 그 후 이명박 정부를 거쳐 문재인 정부에서는 한일관계가 한일국교정상화 이후 최악의 상태로 빠져들었다.

한편, BTS를 위시한 K-POP의 열광은 세계는 물론 일본마저도 감동의 도가니로 만들었음에도 불구하고, 코로나19로 인한 팬데믹은 한일 간의 왕래마저 끊어지기에 이르렀다. 이로써 한일관계는 암흑으로 미래를 가늠할 수 없게 되었다.

한일 관계 변화의 과정과 현황

1965년 수교 이후 1990년대 냉전이 종식될 때까지 한일관계는 경제협력을 통한 우호적 밀월관계를 지속했다. 먼저 정치적 사건을 중심으로 일본의 한국에 대한 역사문제를 살펴보면, 1993년 고노河野담화를 통해 위안부 문제에 대해 '사과와 반성의 마음'을 표방하였고,

같은 해 호소카와細川담화를 통해 식민지 지배가 강제병합이었음을 인정하였고, 1995년 무라야마村山담화는 한국을 포함한 동아시아에서의 식민지 지배에 대한 사과 표명으로 들 수 있다.

그러나, 고이즈미小泉 정권과 아베安倍 정권을 거치면서 일본의 극단적인 우경화는 한국과의 불편한 관계를 초래하는 계기가 되었다. 이는 한국에서 2012년 8월 10일, 전·현직 대통령으로서는 처음으로 이명박 대통령이 독도를 방문함과 천황 사과 발언으로 이어지게 되고 한일관계 역시 급속히 냉각되었다.

박근혜 정부 또한 한일관계 개선에 적극적이지 않았으나, 2015년 12월 28일, 아베 총리의 사죄와 반성을 담아 위안부 피해자에 대해서 서면으로 전달하는 '2015년 한일 일본군 위안부 협상 타결'이 이루어졌다. 문재인 정부가 들어서고 일본군 위안부 문제와 시기를 중복하여 2005년 처음 시작되었던 일제강점기 강제징용 피해에 대한 소송이 2018년 10월 30일 대법원 전원합의체에서 승소가 확정되었다. 일본 아베 정부는 강제징용 피해자 승소 확정에 강하게 유감표시를 하며 크게 반발하였고, 이는 2019년 7월 1일, 일본 정부의 한국에 대한 수출규제 조치가 발효되고 사실상의 경제제재(화이트 국가 제외)로 풀이되었다. 동시에 2018년 12월 20일부터 2019년 1월 23일까지 대한민국 해군 함정들에 대하여 총 4차례에 걸친 일본 해상자위대 소속 초계기의 저공 위협 비행 사건은 한일관계 악화의 또 하나의 빌미가 되었다.

위와 같은 한일 양국에서의 역사문제를 기반으로 하는 일련의 정치적 사건이 양국관계에 미친 영향은 부負적인 측면이 강하게 작용하였다고 볼 수 있다.

한편, 1998년 '21세기의 새로운 한일파트너십 공동선언', 일명 김대중-오부치 공동선언은 한국에서 일본문화를 개방하는 계기가 되었다. 한국에서는 일본대중문화개방이 3차에 걸쳐 이루어졌다.

한국 정부는 1998년 10월에 일본의 영화와 비디오, 일본어판 출판 만화·만화잡지의 수입을 허용하였고(제1차), 1999년 2월에 일본의 대중가요 공연을(제2차), 2000년 6월에는 일본의 음반, 게임, 방송까지 개방(제3차)하였다.

일본문화에 대한 관심도

한국대학생이 일본문화에 처음 관심을 갖게 된 계기와 시기로는 초등학교, 중학교 때 접한 학생들이 많았으며, 주로 애니메이션을 통해서 접하고 있었다. 고등학교 이후에 관심을 갖게 된 학생은 애니메이션보다는 학교에서의 일본어 수업이나 유튜브를 통한 일본 음식, 일본 여행을 통해서 관심을 갖게 된 것으로 나타났다.

> 「초등학교 저학년 때 TV애니메이션(꼬마마법사레미, 코난)을 통해서」「초2~3 때 처음으로 더빙판 애니가 아니라 일본원어판 애니를 보고 관심 갖게 됨」 「8살 TV로 친구들과 애니를 보면서」「초등학교 때 애니메이션 채널인 투니버스를 접하면서」「중3 12월쯤 일본 아이돌 아라시 접하고」「중학교 때 애니 하이큐를 보고 관심 갖게 되었음」「고등학교 때 동아시아사를 배웠는데 재미있어서 흥미가 생김」「유튜브를 통해 일본활동 영상(음악활동, 콘서트영상), 일본음식/ 일본 여행명소를 보고」
> 〈학생이 기술해준 설문내용 기반〉

일본문화를 주로 방송으로 지상파TV, 케이블TV, 넷플릭스(영화, 드라마)나 애니메이션 매체, SNS(인스타그램, 페이스북, 유튜브 등)를 통해서 접했으며, 다음으로 지인(친구나 가족)을 통해서도 접한 것으로 나타났다. 학생들의 일본문화에 대한 관심이 가족의 영향보다는 젊은 세대들과의 교류 속에서 접하고 있었다.

「일본애니메이션을 애니플러스 TV채널에서 접함」「TV를 통해서 짱구, 도라에몽, 명탐정코난」「애니메이션, K-POP 아이돌 일본활동영상(음악방송, 콘서트 영상)」「일본에 사는 사람의 유튜브 영상(일상. 문화 소개 등, 일본문화를 소개해주는 유튜브 시청(선물문화 등)」「유튜브로 일본에 사는 브이로그, 좋아하는 연예인의 일본진출로 접함」「유튜브에서 일본에 사는 사람들의 일상 브이로그를 보면서 축제문화나 식문화를 많이 접함」「친구와 같이 프라모델을 만들고 일본예능과 소설을 보며 접함」

〈학생이 기술해준 설문내용 기반〉

일본문화 중에 관심있는 분야 상위 3개는 애니메이션이 60.2%, 음식이 53.6%, 여행이 48.4%로 과반수 이상의 학생이 관심을 나타내고 있었다. 다음으로 인기가 많은 것으로 음악으로 29.9%, 게임 23.0%, 드라마 19.4%, 일본축제가 15.5% 순으로 관심을 갖는 것으로 나타났다

국가차원 한일관계

한국 대학생은 국가 차원에서의 한일관계에 있어서 현재는 부정적으로 생각하고 있으나, 미래에는 좋아질 것으로 생각하고 있었다.

한일관계가 나쁜 원인으로 일본군 위안부 문제, 일제강점기 강제징용 피해에 대한 소송, 일본 정부의 한국에 대한 수출규제, 독도 영토권분쟁 등 역사문제와 정치문제에 기인하며, 이를 정치인들이 역사문제를 정치적으로 악용하여 해결보다는 갈등을 조장하고 있다고 판단하고 있다. 다만, 한일관계가 나빠진 것에 대한 그 책임의 경중을 따진다면 일본 측으로 무기추가 기울지만, 양국의 정치인 모두에

게 있다고 인식하고 있다.

반면, 한일관계의 미래는 긍정적으로 생각하고 있으며 한일관계가 좋아지기 위해서는 한일 서로 간의 교류를 늘려서 원활한 대화가 필요하다고 생각하고 있다. 또한 역사와 정치적, 외교적인 부분을 본다면 부정적이고 반일 감정마저 들지만, 그것과는 별개로 일본문화에 대해서는 우호적인 생각을 가지고 있었다.

민간 차원 한일관계

한일 양국의 민감한 문제인 역사, 정치문제를 배제한 민간 차원에서의 국가이미지와 한일관계는 긍정적인 생각을 가지고 있다.

한일 간의 관계가 악화되더라도 한일국가 간의 관계와 한일개인교류에는 크게 영향을 미치지 않았다. 한국과 일본은 서로 도움을 주고 받을 수 있는 나라이고, 이웃에 일본인이 있다면 친하게 지내고 싶으며, 기회가 된다면 일본에 유학이나 취업을 하고 싶어하고, 일본 여행을 가고 싶어하는 등 국가 간의 관계와 민간 차원의 관계는 별개로 보고 있었다.

일본 대학생이 바라보는 한국문화

　도쿄東京의 대표 번화가이자 젊은이들의 성지인 시부야渋谷의 시그니처인 쇼핑몰 109타워 메인 간판에서 TWICE, 르세라핌 등의 K-POP 아이돌 사진을 흔하게 볼 수 있다. 언뜻보면 여기가 일본이 아니라 한국인가 착각할 정도로 한국 상품들이 즐비하게 늘어져 있는 것을 볼 수 있다. 이 쇼핑몰은 젊은이들의 패션을 리드하는 곳이었으나, 어느 순간부터 한류 소품부터 화장품, 의상까지 한국브랜드가 점유하게 되었다. 또한, 일본의 대표 대형백화점인 마루이백화점은 2021년도에 한국 코트라와 제휴, 한시적으로 1층에 팝스토어를 마련하여 다양한 종류의 뷰티 및 푸드제품을 판매하기도 했다. '사랑의 불시착', '이태원 클라쓰' 등 한국드라마의 폭발적인 인기로 화장품, 식품, 패션까지 주목을 받고 있는 상황이다.
　과거 일제강점기 때부터 1차 한류붐이 있기 전까지만 해도 일본에 살고 있는 재일코리안이 한국음식의 마늘냄새, 김치 등으로 많은 차별을 받아왔던 과거와 비교해 보면 상반된 현상으로 한국에 대한 이미지의 많은 변화가 있음을 짐작할 수 있다.
　또한 도쿄에서 대표적 코리아타운으로 알려져 있는 신오쿠보新大久保 지역은 기존의 한국인 뉴커머, 주재원, 유학생으로 붐비던 곳이 일본인이 더 많이 방문하는 곳으로 변하였고, 한류붐의 새로운 성지가 되고 있다.

한일관계 변화의 과정과 현황

이러한 한류 붐은 한국의 김대중 정권과 일본의 오부치小渕 정권과 우호관계 이후, 일본의 고이즈미小泉, 아베安倍정권과 한국의 노무현, 이명박, 박근혜, 문재인 정권과는 장기간에 걸친 정치적인 경색국면과는 별개로 꾸준히 이어져 오고 있다.

일본 내에서의 한류 붐은 크게 4차 시기로 나누어 볼 수 있는데 시기별로 간단히 보면 다음과 같다.

1차 한류 붐은 김대중-오부치(小渕) 공동선언 후 2003년에 방영된 드라마 '겨울연가'를 계기로 2003년경에 일어났으며, 2차 한류 붐은 2010년대에 들어서면서 K-POP을 중심으로 일어났다. 3차 한류 붐은 2017년경부터 여성 중심의 젊은 세대가 뷰티 콘텐츠, 미용성형을 목적으로 많은 방한이 이루어지며 일어났고, 4차 한류붐은 2020년 영화 '기생충'이 아카데미상 수상과 넷플릭스에서 방영된 '사랑의 불시착', '이태원 클라쓰'가 히트하면서 2020년 유행어 대상에 "제4차 한류 붐"이 노미네이트 될 정도로 크게 일어났다.

다시 말해서 한일관계는 역사적인 배경을 바탕으로 정치적으로는 김대중 정부 이후 경색국면을 유지하고 있었으나, 한류 붐을 계기로 사회문화적인 교류는 지속적으로 이어져 왔다고 말할 수 있다.

한국문화에 대한 관심도

일본대학생이 한국문화에 처음 관심을 갖게 된 계기와 시기로는 초등학교, 중학교, 고등학교 때로 다양하였으며, 계기가 된 것은 K-POP이 가장 많았다. K-POP 다음으로는 K-드라마, K-푸드, K-뷰티 등이었으며, 가족(할머니, 엄마, 형제·자매), 친구, 여행으로 한국·

한국문화에 관심을 가지게 되었다. 한국과는 다르게 엄마와 자녀 2세대, 혹은 할머니까지 3세대가 동시에 같이 한국문화에 관심을 가지고 있고, 또한 부모에서 자녀로 이어지는 특수한 특징을 가지고 있다.

「할머니의 영향으로 처음 한국 아이돌 등에 관심을 갖게 되고 고교 2학년 때의 K-POP붐으로 다시 흥미를 가짐」「초등학교 때 엄마가 보던 한국 드라마를 보기 시작하면서」「친구가 K-POP을 좋아했고, 거기에 영향을 받아서 나도 관심을 갖게 되었다」「중학생 때 K-POP에 관심을 가지기 시작해서 한국문화에 관심을 갖게 되었다」「고등학교 3학년 때 누나의 영향으로 K-POP을 좋아하게 됨」「고등학생 때 한국 화장품이나 패션에 관심이 있었기 때문에」
〈학생이 기술해준 설문내용 기반〉

한국문화를 일본대학생 70% 이상이 주로 SNS(인스타그램, 페이스북, 유튜브 등)를 통해서 접했으며, 다음으로 지인(친구나 가족), 방송(지상파TV, 케이블TV, 넷플릭스(영화, 드라마), 애니메이션 매체)과 인터넷 기사를 통해서 접하고 있었다. 일본 대학생의 한국문화에 대한 관심은 가족의 영향도 있었으며, 주로 1차 한류붐 세대의 영향을 받은 모친세대와 현재 한류붐의 정점이라고 볼 수 있는 젊은 세대인 형제·자매로 나타났다.

「SNS를 통해서 K-POP 아이돌의 동영상과 사진을 보거나 해서 한국 문화에 접함」「주로 한국 드라마나 예능, 아이돌 같은 연예 관련 문화나 음식 문화 등」「트위터를 통해 한국인 친구들이 생기고 대화하면서 문화 차이를 느꼈다」「TV나 YouTube 등에서 한국 드라마나 한국의 버라이어티 프로그램을 보았다」「한국의 프로그램을 시청하거나 한국의 아이돌 그룹이 실시하고 있는 컨텐츠 동영상을 시청했다」「드라마를 보고 문화를 알게 된 것. SNS에 떠도는 한국 인플루언서의 게시물을 보고 음식문화 등을 알게 된다」
〈학생이 기술해준 설문내용 기반〉

한국문화 중에 관심이 많은 분야는 음식이 67.9%로 가장 많았고, 다음으로 K-POP(음악)이 56.6%로 많았다. 음식과 K-POP(음악)은 과반수가 넘는 학생들이 관심을 갖는 것으로 나타났다. 다음으로 인기가 많은 것으로 드라마가 39.6%, 패션이 34.9%, 여행이 29.2% 순으로 관심을 갖는 것으로 나타났다.

국가 차원 한일관계

일본 대학생은 국가 차원에서의 한일관계에 있어서 현재는 부정적으로 생각하고 있으나, 미래에는 좋아질 것으로 판단하고 있다.

한일관계가 나쁜 원인으로 독도문제, 일본군 위안부 문제, 징용문제와 같은 역사적인 문제와 영토 문제 등을 큰 원인으로 생각하고 있었다. 이를 해소하기 위해서 서로의 대화 부족을 언급했고 동시에 서로를 인정하면서 다가가기를 주문하고 있다.

한편, 한일관계의 미래는 긍정적으로 판단하고 있으나, 한일관계가 좋아지기 위해서는 먼저 서로의 다름을 알고 서로 양보하며 미래지향적으로 가야 한다고 생각하고, 서로 간의 교류를 늘려서 서로 잘 이해하며, 과거의 일들을 확실히 매듭짓고 새로운 관계를 구축하여야 한다고 생각하는 것으로 나타났다.

민간 차원 한일관계

한일 양국의 민감한 문제인 역사, 정치문제를 배제한 민간 차원에서의 국가이미지와 한일관계는 긍정적인 것으로 생각하고 있다. 한일 국가에 대한 이미지로 한일 양국을 대부분 선진국으로 보고 있었으며, 일본보다는 한국을 더 IT강국으로 생각하고 있었다.

　많은 학생이 한국과 일본은 서로 도움을 주고받을 수 있는 나라이고, 이웃에 한국인이 있다면 친하게 지내고 싶어하는 것으로 나타났다. 기회가 된다면 한국에 유학이나 취업을 희망하고, 한국 여행을 원하는 등 민간 차원에서의 한일관계는 긍정적으로 생각하고 있다.

한일 대학생이 마주보는 상대문화

한국과 일본 관계는 세계적으로 여러 인접 국가들이 그러하듯이 그리 원만한 관계를 유지하고 있지 않음을 여기서 굳이 또 상기시킬 필요는 없을 것이다. 근년의 한일관계를 정치적인 측면과 문화적인 측면에서 살펴보면 매우 흥미롭다 하지 않을 수 없다.

먼저, 2022년 5월 윤석열 정부의 출범은 한일관계, 특히 정치적인 측면에서의 한일관계는 한국 정부의 양보로 기존의 경색국면에서 새로운 국면에 접어들었다고 하여도 과언이 아닐 것이다. 역사적으로 한일관계는 정치적인 측면에서 보면 계절이 봄·여름·가을·겨울로 반복되듯 온풍과 냉풍이 되풀이되고 있다.

한일관계 변화의 과정과 현황

한일국가 간의 관계를 1965년 한일국교정상화 이후, 주요사건을 중심으로 정치적 사건과 문화적 사건으로 분류해 보았다.

시기	정치적 사건	문화적 사건
1965 ~ 2000년대 이전	- 1965~1990년대 경제협력 통한 우호적 밀월관계 - 1993년 고노(河野)담화: 위안부문제 사과와 반성 표방 - 1993년 호소가와(細川)담화:	- 1998년 김대중-오부치(小渕) 공동선언 한국일본문화개방 1차 문화개방(1998.10): 일본 영화와 비디오, 일본어판 출판 만화·만화 잡지 수입 허용

	식민지지배 강제병합 인정 - 1995년 무라야마(村山)담화: 한국 포함 동아시아 식민지지배 사과표명	2차 문화개방(1999.02): 일본 대중가요 공연 3차 문화개방(2000.06): 일본의 음반, 게임, 방송까지 개방
2000 년대	- 2000년대 고이즈미(小泉), 아베(安倍) 정권 극단적인 우경화로 한국과 불편한 관계 - 2012년 이명박 대통령 독도 방문과 천황 사과 발언 - 2015년 박근혜 정부 '2015년 한일 일본군 위안부 협상 타결' - 2018년 문재인 정부 일제강점기 강제징용 피해에 대한 소송 대법원 전원합의체에서 승소 - 일본 정부(아베)는 강제징용 피해자 승소 확정에 강하게 유감 표시 - 2019년 일본 정부의 한국에 대한 수출규제 조치가 발효	- 2003년 겨울연가로 한류붐 1차 한류붐(2003년~): 일본 중장년층 대상으로 '겨울연가' 대히트 2차 한류붐(2010년경): K-POP을 중심으로 동방신기, 빅뱅, 소녀시대, 카라 등 3차 한류붐(2017년경): 10~20대 젊은세대를 중심으로 방탄소년단(BTS), 트와이스, 블랙핑크 등의 K-POP인기와 유튜브, 인스타그램 등 SNS를 통해 K-POP, 먹방, 뷰티 콘텐츠 등 인기 4차 한류붐(2020년경): 넷플릭스에서 방영된 '사랑의 불시착', '이태원 클라스', 지상파 방영 아카데미수상작품 '기생충' 등 인기

한일관계의 정치적인 측면에서 1965년 한일국교정상화 이후 한일관계는 일본 측의 1993년 "고노河野담화", 같은 해 "김영삼-호소카와細川 정상회담", 1995년 "무라야마村山담화"를 통하여 점차 우호적인 분위기가 진전되었고, 1998년 김대중-오부치 21세기 한일파트너십 공동선언"은 그 정점에 있었다. 이후의 한일관계는 보수적 성향이 강한 고이즈미小泉정권 출범으로 서서히 경색국면으로 접어들었고, 아베阿部정권에 들어서는 완전히 경색되었다.

우리나라에서는 김대중 정부의 "김대중-오부치 선언" 이후 호전好轉적이었던 한일관계는 일본에 대해 강경한 노무현 정부를 거치고 이명박 정부 말기 이명박 전 대통령의 전격적인 독도방문과 천황사과 발언으로 급속히 냉각되었다. 박근혜 정부 역시 일본군위안부 문제의 협상타결과 일제강점기 강제징용 피해에 대한 소송에 대한 대법원 판결을 미루는 등 한일관계에 긍정적인 신호가 있었으나 결국에는 여전히 냉소적이었다. 그 뒤를 이은 문재인 정부에서 2018년, 일제강점기 강제징용 피해에 대한 소송이 대법원에서 승소로 확정되었고, 이에 일본 아베정권의 강력한 반발과 그 보복 조치로 한국에 대한 수출규제 조치가 발효되는 등으로 한일관계는 다시 경색국면으로 전환되었다.

한편, 한일관계의 문화적인 측면에서는 한일국교정상화 이후, 일본의 만화영화를 중심으로 일본의 문화는 알게 모르게 한국사회 깊숙한 곳까지 스며들고 있었다. 그러나 앞서 언급한 김대중-오부치 공동선언 이후 김대중 정부는 일본문화를 우리나라에 순차적으로 개방하기에 이르렀고, 이는 전문가들의 많은 우려에도 불구하고 큰 영향은 없었으며, 한류 붐의 기틀을 만드는 계기가 되었다고 생각된다.

특히 일본에서는 2003년경 '겨울연가'를 시작으로 최근의 '기생충', '사랑의 불시착', '이태원 클라스' 등으로 이어지면 4차에 걸친 한류 붐 현상이 일어났다. 1차에서 4차에 걸친 한류 붐은 드라마나 영화뿐만 아니라 K-POP, K-뷰티, K-음식 등의 다양한 분야로 확대되고 있는 실정이다. 이러한 현상은 앞서 언급한 정치적·역사적으로 해결이 되지 못한 불편한 난제들이 산재해 있음에도 불구하고 문화적인 측면의 한일관계는 꾸준히 지속되고 있다는 점을 다시 한번 상기해 볼 필요가 있을 것이다.

상대국가·상대문화에 대한 관심도

상대국가·상대문화 관심도에 있어서 한일대학생 양쪽 모두 갓 성

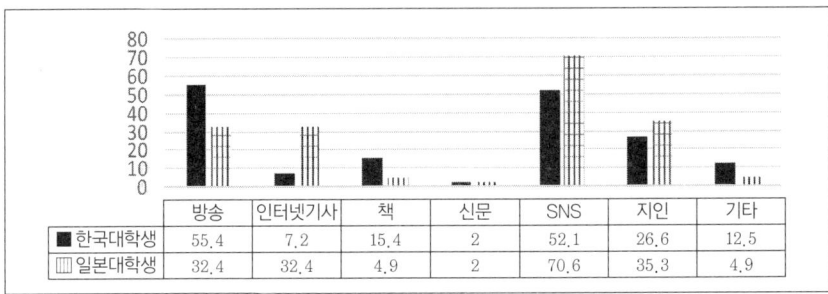

상대문화 접촉경로

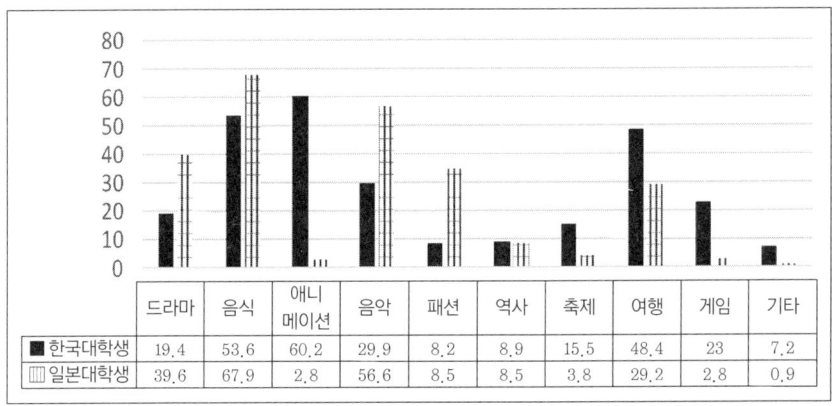

상대문화 관심분야

　인이 된 어린나이 임에도 불구하고 반 정도의 학생이 상대국가에 방문한 경험이 있으며, 80% 이상이 상대문화에 관심이 많은 것으로 나타났다. 상대문화를 한국대학생은 방송(지상파TV, 케이블TV, 넷플릭스(영화, 드라마), 애니메이션 매체)과 SNS(인스타그램, 페이스 북, 유튜브 등), 일본대학생은 SNS(인스타그램, 페이스 북, 유튜브 등)를 통해서 가장 많이 접하고 있었다. 상대문화의 관심분야는 분야별로 차이를 보여, 한국대학생의 경우는 일본의 애니메이션, 여행, 게임, 축제에 관심이 많았고, 일본대학생의 경우는 한국의 드라마, 음식, 음악, 패션에 관심이 많은 것으로 나타났다.

한일대학생의 특징을 보면, 일본대학생은 K-드라마, K-POP, K-패션을 통해 아이돌, 연예인과 같은 실존인물인 사람에 관심이 많아 거기서 파생된 것이고, 한국대학생의 경우는 여행, 게임, 애니메이션, 음식 등과 같이 사람이 아닌 무생물인 대상에 관심이 많았다.

상대문화에 관심이 있는 가족으로 한국대학생보다 일본대학생이 더 많았으며, 그 중에서 일본대학생은 모친, 형제·자매 순이고 한국대학생은 독보적으로 형제·자매로 나타났다. 이것은 일본에서 1차 한류 붐을 일으킨 겨울연가의 주요 대상이 중년층 여성이었던 점을 생각해 보면 연관된 결과로 볼 수 있다. 또한, 한일 모두 형제·자매가 많았던 것은 상대문화를 젊은 세대들과 서로 공유하면서 접하고 있다는 것을 말한다.

국가차원 한일관계

국가 차원에서의 한일관계에 있어서 현재의 한일관계는 한일대학생 간의 차이는 없이 둘다 부정적으로 생각하고 있다. 그 원인으로 한일대학생 모두 역사문제와 정치문제를 꼽았다.

미래의 한일관계에 있어서는 한일대학생 모두 긍정적으로 생각했으나 일본대학생이 한국대학생보다 조금 더 긍정적으로 보는 것으로 나타났다.

민간 차원 한일관계

양국의 민감한 문제인 역사, 정치문제를 배제한 국가이미지 및 민간 차원에서의 한일관계에 있어서 한일 양국 국가에 대한 이미지로

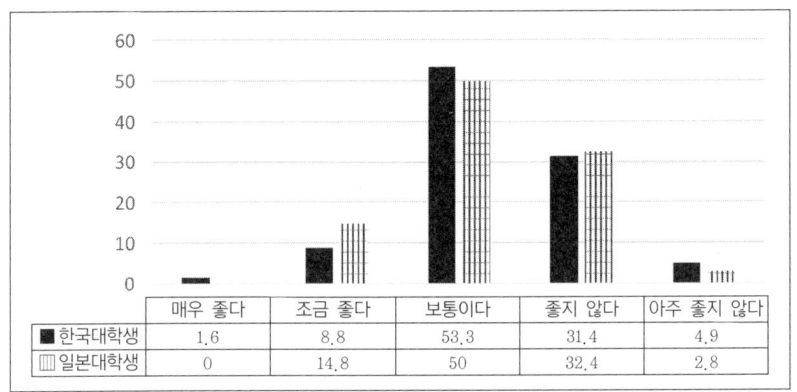

현재 한일관계

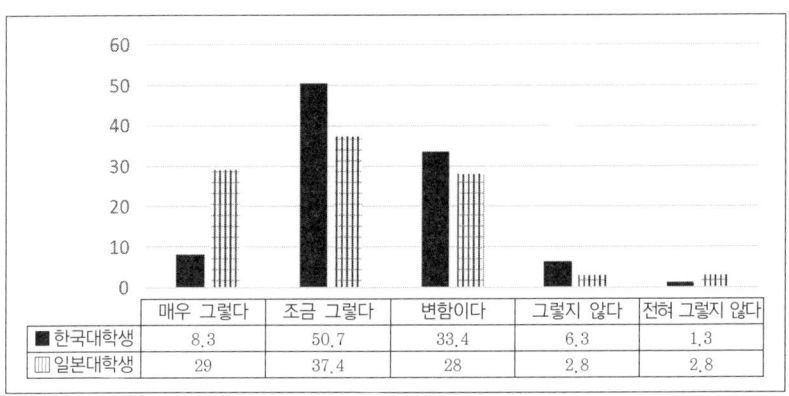

미래 한일관계 호전

한일대학생 모두 현재 한국과 일본은 선진국이라고 생각하고 있다. 현재 한국과 일본은 IT강국인가의 질문에 일본은 IT강국이다에 한일대학생 간의 차이를 보여 한국대학생은 보통의 의견이 가장 많았고, 일본대학생은 그렇다가 조금 더 많은 것으로 나타났다. 한편, 현재 한국은 IT강국이다에 한일대학생 간의 차이가 나타나 한국대학생의 경우 85% 이상, 일본대학생의 경우 70% 정도가 그렇다고 답하였다. 한일대학생 간의 수치에 조금 차이는 있었으나, 한일대학생의 많은

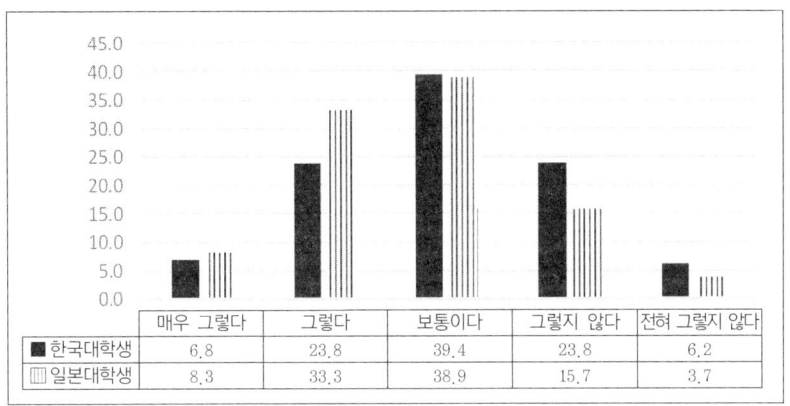

현재 일본은 IT강국

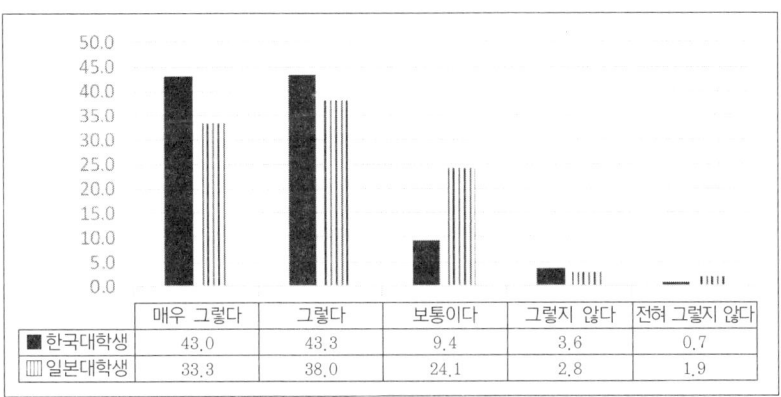

현재 한국은 IT강국

학생이 한국은 IT강국이라고 생각하고 있는 것으로 나타났다. 이는 한일대학생 사이에 IT는 한국이 절대적으로 우위를 차지하고 있음을 암시한다.

개인 간의 한일관계에 관해서 한일대학생은 한국과 일본은 서로 상부상조 관계에 있으며, 한국인·일본인인 이웃집과의 친밀한 관계에서 긍정적으로 생각하는 것으로 나타났으나, 일본대학생의 경우가 한국대학생의 거의 2배의 수치로 아주 긍정적으로 나타났다. 이것은 현시점에서 일본에서의 k-컬처의 상당한 인기의 영향인지 일본대학생이 한국인과의 관계에 더 긍정적인 생각을 가지고 있는 것으로 판단된다.

상대국가의 장기체류에 있어서는 한일대학생이 상대국가에 유학이나 취업 희망에 있어서 한국대학생은 55%정도, 일본대학생은 43%정도였다. 다만 단기체류인 상대국 여행에 있어서는 90% 이상의 한일대학생 모두 상대국에 여행을 희망하고 있었다.

한일 관계 속 상대문화 관심도에서 보면 한일대학생은 젊은 MZ세대로 상대문화를 기성세대와 달리 과거에 얽매이지 않고, 상대 문화를 있는 그대로 받아들이고 있었으며, 상대국가를 긍정적으로 바라보고 있었다.

2023년 항저우 아시안게임 축구 결승전에서 한일 20대 초반의 젊은 축구 선수들의 모습에서 예전 같으면 외모만 봐도 한국선수와 일본선수의 구분이 확연했으나, 이번 경기에서는 누가 일본선수이고 한국선수인지 명확히 구분할 수 없었다. 이것 역시 젊은 MZ세대로 한일문화에 서로 관심을 갖고 공유하면서, 특히 일본에서 K-패션, K-뷰티, 아이돌이 유행하면서 영향을 주고받은 결과가 아닌가 하는 생각이 든다.

이와 같이 자연스럽게 서로 문화를 공유하고 즐기면서 한일 간의 거리감을 좁혀나간다면 미래의 한일관계는 필히 긍정적인 방향으로 가지 않을까 기대해 본다.

참고문헌

김태영·황혜경, 『일본문화이야기』, 보고사, 2010.
호사카 유지, 「일본의 정주외국인 정책과 재일코리안—참정권, 국적조항철폐, 교육권 문제를 중심으로—」, 『민족연구』 11, 한국민족연구원, 2003.
황혜경, 「한류로 인한 일본인의 한국인과 재일코리안에 대한 인식 변화—관서지방을 중심으로—」, 『일본문화학보』 36, 일본문화학회, 2008.
황혜경, 「한일대학생 상대국가·상대문화에 대한 관심도에 관한 연구(1):한국학생을 중심으로」, 『한국과국제사회』 7(2), 한국정치사회연구소, 2023.
황혜경, 「한일대학생 상대국가·상대문화에 대한 관심도에 관한 연구(2):일본대학생을 중심으로」, 『일본문화학보』 97, 한국일본문화학회, 2023.
황혜경, 「한일대학생 상대국가·상대문화에 대한 관심도에 관한 연구(3):한일대학생 비교고찰」, 『일본문화학보』 97, 한국일본문화학회, 2024.
황혜경·전호성, 「저출산고령사회 대안 모색 기획연구, 남북공생을 위한 재일코리안과 북한이탈주민의 역할(가능성)에 대한 탐색적 연구」, 『재외한인연구』 56, 재외한인학회, 2022.
朝日学生新聞社編, 『いじめの現場 子どもたちの叫び声』, 朝日ソノラマ, 2002.
稲村博, 『いじめ問題』, 教育出版, 1986.
井上忠司, 『現代家庭の年中行事』, 講談社, 1993.
今尾哲也, 『歌舞伎の歴史』, 岩波書店, 2000.
内山美樹子, 『文楽 二十世紀後期の輝き －劇評と文楽考－』, 早稲田大学出版部, 2010.
氷川まりこ·梅若六郎, 『能の新世紀』, 小学館, 2002.
大沼保昭, 徐竜達編, 『在日韓国朝鮮人と人権: 日本人と定住外国人との共生を目指して』, 有斐閣, 1986.
大井ミノブ編, 『いけばな辞典』, 東京堂出版, 1976.
京王百貨店駅弁チーム, 『駅弁大会』, 光文社新書, 2001.
国際浮世絵学会 編, 『浮世絵大事典』, 東京堂出版, 2008.
加地新行, 『儒教とは何か』, 中公新書, 1991.
神奈川のなかの朝鮮編集委員会編, 『神奈川のなかの朝鮮』, 明石書店, 1998.
川崎地方自治研究センター編, 『在日外国人を理解するためのハンドブック第1集』, 川崎市市役所, 1993.
姜在彦, 金東勲著, 『在日韓国人朝鮮人－歴史と展望』, 勞働経済社, 1989.

木村時夫著,『日本文化の伝統と変容』, 成文堂, 1990.
児玉幸多他,『中学社会-歴史的分野』, 日本書籍, 1995.
佐藤泰子,『日本服飾史』, 健帛社, 1997.
島田晴雄編著,『高齢少子化社会と家族と経済: 自立社会日本のシナリオ』, NTT出版, 2000.
下中直人,『世界大百科事典』, 平凡社, 2007.
杉原薫他編,『大正/大阪/スラムーもうひとつの日本近代史』, 新評論, 1991.
全日本郷土芸能協会編集,『日本の祭り文化事典』, 東京書籍, 2006.
第一出版センター編,『いけばな入門: 基本と実技』, 講談社, 1989.
竹内誠他,『教養の日本史』, 東京大学出版部, 1997.
田中治郎,『面白いほどよくわかる日本の宗教』, 日本文芸社, 2019.
田中直毅編著,『高齢化への対応: 人口問題少子化問題年金問題』, 経済広報センター, 1996.
田辺裕 外編,『新しい世界地理』, 東京書籍, 2005.
高田倭男,『服装の歴史』, 中公文庫, 2005
内閣府 編,『令和元年版 高齢社会白書』, 内閣府, 2005.
仲原良二著,『在日韓国人朝鮮人の就職差別と国籍条項』, 明石書店, 1993.
中村哲郎,『歌舞伎の近代ーー作家と作品』, 岩波書店, 2006.
西野春雄 羽田昶,『新版 能・狂言事典』, 平凡社, 2011.
野島芳明,『日本文化のかたち』, 展転社, 2002.
芳賀学,「新新宗教: なぜ若者は宗教へ走るのか」,『社会学の理論でとく現代のしくみ』, 新曜社, 1991.
福岡安則,『在日韓国・朝鮮人』, 中公新書, 1993.
松前健,『日本神話の謎がよく分かる本』, 大和書房, 2007.
松山洋ほか,「世界の降水量と日本の気候」,『自然地理学』, ミネルヴァ書房, 2014.
水谷修 外著,『日本人の生活文化事典』, 大修館書店, 1995.
皆川博子著,『写楽』, 角川文庫, 2020.
三隅治雄編著,『全国年中行事辞典』, 東京堂出版, 2007.
村上重良,『日本の宗教』, 岩波ジュニア新書, 1981.
村上重良,『日本宗教事典』, 講談社, 1988.
村山忠重,『日本の苗字ベスト30000』, 新人物往来社, 2003.
森田洋司清水賢二,『新訂版 いじめ』, 金子書房, 1994.
吉岡増雄編,『在日朝鮮人の生活と人権: 社会保障と民族差別』, 社会評論社, 1980.
原田信男,『日本の食文化』, 放送大学教育振興会, 2004.

朴在一, 『在日朝鮮人に関する総合調査研究』, 新紀元社, 1979.
平井聖, 『日本住宅歴史』, NHKブックス, 1980.
尾籐正英, 『日本文化論』, 放送大学教育振興会, 1993.
尾藤正英, 『日本文化の歴史』, 岩波新書, 2003.
文化庁編, 『宗教年鑑令和3年』, 文化庁, 2021.
黃慧瓊, 「川崎市の在日コリアンにおける食文化の民族的アイデンティティ-正月料理を主たる対象として-」, 『日本文化学報』10, 日本文化学, 2001.
黃慧瓊, 「大阪市の在日コリアンにおける食文化の民族的アイデンティティ(第一報)-行事食を主たる対象として-」, 『日本家政学会学誌』53-7, 日本家政学会, 2002.
保岡孝之, 『日本地理』, ポプラ社, 2005.
山口桂三郎, 『浮世絵の歴史』, 三一書房, 1995.
和歌森太郎, 『相撲の歴史と民俗』, 弘文堂, 1982.

고독사, https://www.cao.go.jp/kodoku_koritsu/torikumi/wg/r5/dai3/pdf/siryou2.pdf ; https://www.cao.go.jp/kodoku_koritsu/torikumi/wg/r6/pdf/houkokusyo.pdf
문화유산, https://bunka.nii.ac.jp/special_content/world
분라쿠협회, https://www.bunraku.or.jp/about/
세계유산, https://worldheritagesite.xyz/
에키벤, http://www.ekiben.or.jp/main/
우키요에, https://www.meihaku.jp/ukiyoe-basic/
일본세계문화유산, https://www.bunka.go.jp/seisaku/bunkazai/shokai/sekai_isan/ichiran
재일한인역사자료관, https://www.j-koreans.org/

부록 1
일본 시대별 역사 연표

구분	연도	시대
원시	~710	선토기시대(先土器時代) 조몬시대(縄文時代) 야요이시대(弥生時代) 고분시대(古墳時代)
고대	710~794	나라시대(奈良時代)
중세	794~1192	헤이안시대(平安時代)
	1192~1333	가마쿠라시대(鎌倉時代)
	1333~1573	무로마치시대(室町時代)
	1331~1392	남북조시대(南北朝時代)
	1476~1573	전국시대(戦国時代)
	1573~1603	아즈치모모야마시대(安土·桃山時代)
근세	1603~1867	에도시대(江戸時代)
근대	1868~1912	메이지시대(明治時代)
	1912~1926	다이쇼시대(大正時代)
	1926~1945	쇼와전기시대(昭和前期時代)
현대	1945~1989	쇼와후기시대(昭和後期時代)
	1989~현재	헤이세이시대(平成時代)

부록 2
행정지도 : 도도부현都道府県

지도번호	한글표기	일본명	도도부현청 소재지	옛 지명
			홋카이도(北海道)	
1	홋카이도	北海道	삿포로(札幌)시	에조치(蝦夷地)
			도호쿠(東北) 지방	
2	아오모리현	青森県	아오모리(青森)시	무츠(陸奥)
3	이와테현	岩手県	모리오카(盛岡)시	리쿠추(陸中), 무츠(陸奥)
4	미야기현	宮城県	센다이(仙台)시	리쿠젠(陸前), 이와키(磐城)
5	아키타현	秋田県	아키타(秋田)시	우고(羽後)
6	야마가타현	山形県	야마가타(山形)시	우젠(羽前)
7	후쿠시마현	福島県	후쿠시마(福島)시	이와키(磐城), 이와시로(岩代)
			간토(関東) 지방	
8	이바라키현	茨城県	미토(水戸)시	히타치(常陸), 시모우사(下総)
9	도치기현	栃木県	우츠노미야(宇都宮)시	시모츠케(下野)
10	군마현	群馬県	마에바시(前橋)시	고즈케(上野)
11	사이타마현	埼玉県	사이타마(さいたま)시	무사시(武蔵)
12	지바현	千葉県	지바(千葉)시	시모우사(下総), 가즈사(上総), 아와(安房)
13	도쿄도	東京都	도쿄도 신주쿠(新宿)구	무사시(武蔵)
14	가나가와현	神奈川県	요코하마(横浜)시	사가미(相模), 무사시(武蔵)
			주부(中部) 지방	
15	니가타현	新潟県	니가타(新潟)시	에치고(越後), 사도(佐渡)
16	도야마현	富山県	도야마(富山)시	엣추(越中)
17	이시카와현	石川県	가나자와(金沢)시	노토(能登), 가가(加賀)
18	후쿠이현	福井県	후쿠이(福井)시	에치젠(越前), 와카사(若狭)
19	야마나시현	山梨県	고후(甲府)시	가이(甲斐)
20	나가노현	長野県	나가노(長野)시	시나노(信濃)
21	기후현	岐阜県	기후(岐阜)시	히다(飛騨), 미노(美濃)
22	시즈오카현	静岡県	시즈오카(静岡)시	이즈(伊豆), 스루가(駿河), 도토미(遠江)
23	아이치현	愛知県	나고야(名古屋)시	오와리(尾張), 미카와(三河)
			긴키(近畿) 지방	
24	미에현	三重県	츠(津)시	이가(伊賀), 이세(伊勢), 시마(志摩)

25	시가현	滋賀県	오츠(大津)시	오미(近江)
26	교토부	京都府	교토(京都)시	단고(丹後), 단바(丹波), 야마시로(山城)
27	오사카부	大阪府	오사카(大阪)시	가와치(河内), 이즈미(和泉), 셋츠(摂津)
28	효고현	兵庫県	고베(神戸)시	다지마(但馬), 하리마(播磨), 셋츠(摂津), 단바(丹波), 아와지(淡路)
29	나라현	奈良県	나라(奈良)시	야마토(大和)
30	와카야마현	和歌山県	와카야마(和歌山)시	기이(紀伊)
		주고쿠(中国) 지방		
31	돗토리현	鳥取県	돗토리(鳥取)시	호키(伯耆), 이나바(因幡)
32	시마네현	島根県	마츠에(松江)시	이와미(石見), 이즈모(出雲), 오키(隠岐)
33	오카야마현	岡山県	오카야마(岡山)시	미마사카(美作), 비젠(備前), 빗추(備中)
34	히로시마현	広島県	히로시마(広島)시	아키(安芸), 빈고(備後)
35	야마구치현	山口県	야마구치(山口)시	나가토(長門), 스오(周防)
		시코쿠(四国) 지방		
36	도쿠시마현	徳島県	도쿠시마(徳島)시	아와(阿波)
37	가가와현	香川県	다카마츠(高松)시	사누키(讃岐)
38	에히메현	愛媛県	마츠야마(松山)시	이요(伊予)
39	고치현	高知県	고치(高知)시	도사(土佐)
		규슈(九州) 지방		
40	후쿠오카현	福岡県	후쿠오카(福岡)시	지쿠젠(筑前), 지쿠고(筑後), 부젠(豊前)
41	사가현	佐賀県	사가(佐賀)시	히젠(肥前)
42	나가사키현	長崎県	나가사키(長崎)시	히젠(肥前), 이키(壱岐), 츠시마(対馬)
43	구마모토현	熊本県	구마모토(熊本)시	히고(肥後)
44	오이타현	大分県	오이타(大分)시	부젠(豊前), 분고(豊後)
45	미야자키현	宮崎県	미야자키(宮崎)시	휴가(日向)
46	가고시마현	鹿児島県	가고시마(鹿児島)시	사츠마(薩摩), 오스미(大隅)
		오키나와(沖縄) 지방		
47	오키나와현	沖縄県	나하(那覇)시	류큐(琉球)

부록 3

일본의 주요 성씨

순위	성씨	순위	성씨	순위	성씨	순위	성씨
1	사토(佐藤)	26	야마시타(山下)	51	나카노(中野)	76	다카다(高田)
2	스즈키(鈴木)	27	이시카와(石川)	52	하라다(原田)	77	고노(河野)
3	다카하시(高橋)	28	나카지마(中島)	53	오노(小野)	78	후지모토(藤本)
4	다나카(田中)	29	마에다(前田)	54	다무라(田村)	79	고지마(小島)
5	와타나베(渡辺)	30	후지타(藤田)	55	다케우치(竹内)	80	다케다(武田)
6	이토(伊藤)	31	오가와(小川)	56	가네코(金子)	81	무라타(村田)
7	야마모토(山本)	32	오카다(岡田)	57	와다(和田)	82	우에노(上野)
8	나카무라(中村)	33	고토(後藤)	58	나카야마(中山)	83	스기야마(杉山)
9	고바야시(小林)	34	하세가와(長谷川)	59	이시다(石田)	84	마스다(増田)
10	가토(加藤)	35	무라카미(村上)	60	우에다(上田)	85	스가와라(菅原)
11	요시다(吉田)	36	곤도(近藤)	61	모리타(森田)	86	히라노(平野)
12	야마다(山田)	37	이시이(石井)	62	하라(原)	87	고야마(小山)
13	사사키(佐々木)	38	사카모토(坂本)	63	시바타(柴田)	88	오츠카(大塚)
14	야마구치(山口)	39	엔도(遠藤)	64	사카이(酒井)	89	지바(千葉)
15	마츠모토(松本)	40	아오키(青木)	65	구도(工藤)	90	구보(久保)
16	이노우에(井上)	41	후지이(藤井)	66	요코야마(横山)	91	마츠이(松井)
17	사이토(斎藤)	42	니시무라(西村)	67	미야자키(宮崎)	92	이와자키(岩崎)
18	기무라(木村)	43	후쿠다(福田)	68	미야모토(宮本)	93	기노시타(木下)
19	하야시(林)	44	오타(太田)	69	우치다(内田)	94	노구치(野口)
20	시미즈(清水)	45	사이토(斉藤)	70	다카키(高木)	95	마츠오(松尾)
21	야마자키(山崎)	46	미우라(三浦)	71	안도(安藤)	96	노무라(野村)
22	모리(森)	47	후지와라(藤原)	72	다니구치(谷口)	97	기쿠치(菊地)
23	아베(阿部)	48	오카모토(岡本)	73	오노(大野)	98	사노(佐野)
24	이케다(池田)	49	마츠다(松田)	74	마루야마(丸山)	99	와타나베(渡部)
25	하시모토(橋本)	50	나카가와(中川)	75	이마이(今井)	100	오니시(大西)

참조: 村山忠重, 『日本の苗字ベスト30000』, 新人物往来社, 2003

황혜경(黄慧瓊)

서울에서 태어나 일본 문부과학성 국비장학생으로 국립도쿄가쿠게이(東京学芸)대학 대학원에서 학술 석사(일본문화전공), 국립나라(奈良)여자대학대학원에서 학술박사(비교지역학 전공)를 취득하였다. 그 후 일본에서 JSPS(일본학술진흥회) 특별연구원을 거쳐 국립나라(奈良)여자대학대학원 인간문화연구과 박사연구원으로 활동하였다. 현재는 남서울대학교 대외협력처 국제협력주임교수 및 일어일문학과 겸임교수로 재직중이다.

연구논문으로는「재일코리안에 있어서 민족축제의 의미와 호스트사회와의 관계」,「재일코리안의 호스트사회에 따른 민족적 아이덴티티의 차이」,「在日 110년, 재일코리안과 일본과의 공생사회 변천 과정에 관한 고찰」,「재일동포의 민족정체성 변화고찰(2)-2000년, 2015년 오사카시를 중심으로」,「한일대학생의 상대 국가·상대 문화에 대한 관심도에 관한 연구(3)」,「재외동포의 법률적 범주에 관한 고찰」외 다수가 있으며 저서로는『일본문화이야기』, 역서로는『학교라는 공공건물이 일본을 구한다』등이 있다.

클릭 일본 문화 속으로

2025년 9월 26일 초판 1쇄 펴냄
2025년 12월 15일 초판 2쇄 펴냄

지은이 황혜경
펴낸이 김흥국
펴낸곳 보고사

등록 1990년 12월 13일 제6-0429호
주소 경기도 파주시 회동길 337-15 보고사
전화 031-955-9797
팩스 02-922-6990
메일 bogosabooks@naver.com
http://www.bogosabooks.co.kr

ISBN 979-11-6587-940-2 93300

정가 18,000원
사전 동의 없는 무단 전재 및 복제를 금합니다.
잘못 만들어진 책은 바꾸어 드립니다.